苑利 顾军 主编 | 中国文化遗产保护北斗丛书

《文物保护法》解读
工作指导手册

穆森 著

学苑出版社

图书在版编目（CIP）数据

《文物保护法》解读工作指导手册 / 穆森著 . — 北京：学苑出版社，2022.10

（中国文化遗产保护北斗丛书 / 苑利，顾军主编）

ISBN 978-7-5077-6506-9

Ⅰ.①文… Ⅱ.①穆… Ⅲ.①文物保护法—法律解释—中国 Ⅳ.① D922.165

中国版本图书馆 CIP 数据核字（2022）第 179218 号

出 版 人：	洪文雄
责任编辑：	周　鼎
装帧设计：	黄　辉　齐立娟
剪纸创作：	郭如林
出版发行：	学苑出版社
社　　址：	北京市丰台区南方庄 2 号院 1 号楼
邮政编码：	100079
网　　址：	www.book001.com
电子信箱：	xueyuanpress@163.com
联系电话：	010-67601101（营销部）　010-67603091（总编室）
印 刷 厂：	英格拉姆印刷(固安)有限公司
开本尺寸：	787×1092　1/32
印　　张：	6.625
字　　数：	127 千字
版　　次：	2022 年 10 月第 1 版
印　　次：	2023 年 6 月第 2 次印刷
定　　价：	48.00 元

总　序

据说，地球上共有动物150多万种，但从起源角度看，无论是有脊椎动物，还是无脊椎动物，它们的起源都远远早于人类。哪怕是一只鳄鱼，一只壁虎，一条蚯蚓。但令人不解的是，为什么在生物进化过程中，后起的人类居然能异军突起，并将那些早于自己的动物，远远地抛在自己的身后？原因很简单，小动物们活着靠的是本能，而人活着除靠本能之外，还在于他们善于学习。不管经历与否，只要他们学到了相关知识，就能利用这些知识去解决面对的问题。当然，一个人的阅历毕竟有限，全靠自己的亲力亲为去获取知识并不现实。这就要求我们在多走多看、增加阅历的同时，多向别人学习，特别是向在5000年中华文明史上，创造过各种文明的祖先们学习，看看祖先们是怎么解决这类问题的。

祖先的经验传递通常会以以下三种方式进行：一种是以典籍的方式将知识与经验传递给我们，一种是以文物的形式将知识与经验传递给我们，最后一种是以口传心授的方式将知识与经验传递给我们,这便是我们通常所说的非物质文化遗产。既然祖先是以上述三种方式,将他们的知识与经验传递给我们的,我们在研究祖先智慧时,就应该打通壁垒,从文献、文物以及非物质文化遗产等多个层面与维度,对祖先遗产进行全方位解读与研究。

在各类遗产中,物质文化遗产似乎是最靠谱的存在。原因是它本身就是历史的一部分,通过它当然可以反观历史,反观祖先在历史上创造的各种文明。但只保护物质文化遗产尚远远不够,因为它很难回答这种文明是怎样创造出来的。与它相比,非物质文化遗产似乎更容易回答这个问题。原因在于,非物质文化遗产尽管不是秦砖汉瓦,但它是秦砖汉瓦的烧制技术;尽管它不是故宫长城,但它是故宫长城的建造技术。从表面看,非物质文化遗产似乎只是活在当下的存在,但实际上它同样是历史的一部分。我们完全可以通过取今证古的方法,用它来解读历史上的各种文明。当然,对于中国这样一个具有3000多年文字使用史的民族来说,只保护好物质文化遗产与非物质文化遗产仍然不够,因为这些文物及文物制作技术背后的许多东西——如作者的设计理念等,通常都是通过文字记录下来的。所以,在对物质文化遗产与非物质文化遗产实施"成对儿"保护的同时,还应注意到对相关文献的保护与研究。正是出于这样一种理念,我们在设计这套丛书时,并没有将目光局限于我们擅长的非物质文化遗产自身，而是在关注非物质文化遗产的同时，也将目光投向了物质文化遗产和文献遗产，并期望通过这种全方位的关照，为祖先遗产的保护，找出更多规律性的东西。

苑 利

2022 年 9 月

前　言

于1982年颁布实施的《中华人民共和国文物保护法》(以下简称《文物保护法》)是新中国文化遗产领域的第一部法律。40年来,国家高度重视文物保护法治建设,以《文物保护法》为核心,不断进行完善,逐步形成了较为完备的中国特色社会主义文物保护法律法规制度体系。

2018年,中共中央办公厅、国务院办公厅在印发的《关于加强文物保护利用改革的若干意见》中明确提出了"到2025年,紧紧围绕走出一条符合我国国情的文物保护利用之路,文物依法保护水平显著提升,文物保护利用传承体系基本形成,文物安全形势明显好转,文物机构队伍更加优化,文物领域社会参与活力不断焕发,文物工作在坚定文化自信、推动中华文化走出去、促进经济社会发展中的重要作用进一步发挥,文物保护利用成果更多更好惠及人民群众,文物治理体系和治理能力现代化初步实现"的总体目标。

实现这一目标,离不开《文物保护法》的支撑。如果说,法是统领文物工作全局的核心,那普法无疑是文物法制与法治建设的基础。当前,文物保护的话题越来越受到社会普遍关注，每每遇到拆与保的抉择，公众都会很自觉地站到保护一边。"莫愁前路无知己，天下谁人不识君？"文物保护已深入人心，成为社会发展中的共识。

然而，社会共识应建立在常识的基础之上。在文物保护已上升为基本国策的今天，如何树立正确的保护理念，回应和满足全社会对文物保护急切的求知欲和参与欲，更需要从普及《文物保护法》入手，将文物保护纳入国民教育体系，充分发挥文物的德育、美育和法治教育作用。坚定不移地将法治贯彻于文物工作的始终。

编写这本手册，就是希望公众都能知法讲法，文物工作者都能懂法用法，各级政府和相关部门、企事业单位都能守法护法。《文物保护法》的新一轮修订工作正在全面进行，《国务院2022年度立法工作计划》将此列入"拟提请全国人大常委会审议的法律案"。修订绝不是对现行法律的否定，而是对它的科学延续和进一步完善，在原有基础上再加强。修订后的《文物保护法》必将随着新时代发展，与我们生活结合得更加紧密。

讲清《文物保护法》是如何来的，自然就能清楚《文物保护法》将如何发展。因是在修法过程中编写的这本手册，所以内容上将更多侧重于对法律中的基本理念、原则和概念的解读，力争抓住重点与核心，化繁为简。同时也对法律修订中所涉及的一些重大问题和社会所普遍关注的文物保护领域中的热点问题，进行必要的阐释和辨析。如果大家觉得本书在认识和工作上能够提供些许参考和帮助，便是对这本薄薄的小书最大的肯定。

知我、懂我、护我！衷心希望大家能通过《文物保护法》了解文物工作，走近文物工作，参与到文物保护事业中来，倾听到文物之声。最后，我还想把这本书献给我国著名文物学家、文物保护政策法规理论研究的奠基者谢辰生先生，这里的内容是我近20年来在先生身边所学到的一点点皮毛。掩卷而思，仰望星空，有我对先生最深切的怀念！

穆 森

2022年7月

目　　录

一、概念常识篇

一　文物是什么？　/ 003

二　文物如何分类？　/ 004

三　《文物保护法》的由来　/ 005

四　我国还有哪些关于文物保护的法律法规？　/ 007

五　《文物保护法》的立法宗旨是什么？　/ 009

六　《文物保护法》由哪些内容组成？　/ 010

七　文化遗产与文物是一回事吗？　/ 011

八　我国目前有多少文物？　/ 013

九　如何认识文化和自然遗产日？　/ 014

十　为什么说郑振铎是新中国文物事业的奠基人和开拓者？　/ 016

二、方针原则篇

一　什么是《文物保护法》的十六字方针？　/ 021

二　什么是文物保护的基本理念？　/ 023

三　什么是"原址保护"？　/ 025

四　什么是"不改变文物原状"？　/ 026

五　什么是文物的真实性和完整性？　/ 027

六　如何理解文物保护的限定用途原则？　/ 028

七　如何理解文物来源合法原则？　/ 031

八　如何理解文物国有原则？　/ 032

九　如何理解文物相对集中收藏保护原则？　/ 034

十　如何理解不主动发掘帝王陵墓原则？　/ 035

三、保护管理篇

一　不可移动文物如何分类？　/ 039

二　可移动文物如何分类？　/ 041

三　不可移动文物如何分级？　/ 042

四　可移动文物如何分级？　/ 043

五　如何认定文物？　/ 044

六　如何核定文物保护单位？　/ 047

七　尚未核定公布为文物保护单位的不可移动文物是文物吗？　/ 049

八　古人类化石和古脊椎动物化石是文物吗？　/ 051

九　什么是革命文物？ / 053

十　如何确定历史文化名城、名镇、名村？ / 054

十一　如何保护历史文化名城、名镇、名村？ / 055

十二　什么是历史文化街区和历史建筑？ / 056

十三　什么是世界遗产？ / 058

十四　如何理解文物保护的属地管理和提级管理？ / 060

十五　文物保护的"四有"和"五纳入"是指什么？ / 062

十六　什么是文物保护的"两线"？ / 064

十七　文物可以重建吗？ / 066

十八　什么是文物保护工程？ / 067

十九　文物修缮、修复的经费应由谁出？ / 068

二十　什么是考古发掘？ / 070

二十一　什么情况要开展考古发掘？ / 071

二十二　"先考古，后出让"是指所有土地出让前都要进行考古发掘吗？ / 073

二十三　什么是为了科学研究进行的考古发掘？ / 074

二十四　文物保护领域还有哪些工作需要资质？ / 075

二十五　什么是博物馆？ / 076

二十六　博物馆如何分类 / 078

二十七　如何设立博物馆？ / 079

二十八　博物馆如何定级 / 081

二十九 博物馆的文物来源 / 082

三十 既是文物又是博物馆,该如何管理? / 083

三十一 什么是流散文物? / 084

三十二 文物可以买卖吗? / 085

三十三 如何管理文物商店和文物拍卖企业? / 087

三十四 古玩、旧物市场属于文物商店吗? / 089

三十五 文物可以出入境吗? / 090

三十六 什么是火漆印? / 092

三十七 文物违法行为及法律责任有哪些? / 093

三十八 如何有效地开展文物执法? / 095

三十九 什么是文物的公益诉讼? / 097

四十 如何理解加强管理在文物工作中的重要性? / 098

四、热点辨析篇

一 如何理解文物保护与利用的关系? / 103

二 如何理解文物保护与旅游的关系? / 105

三 成龙的做法值得提倡吗? / 107

四 购买圆明园十二生肖铜首值得提倡吗? / 108

五 文物"认领""认养"值得提倡吗? / 110

六 建立健全国有文物资源资产管理体系是要将
    文物资产化吗? / 112

七　文物可以撤销吗？　/ 114

八　为何文物管理不能过度简政放权？　/ 116

九　文物可以被山寨吗？　/ 118

十　鉴宝节目与文物鉴定是一回事吗？　/ 120

十一　《文物保护法》管得了工业遗产、传统村落等新型遗产吗？　/ 121

五、附录

中华人民共和国文物保护法（2017年修正本）　/ 125

文物　谢辰生　/ 153

一、概念常识篇

一 文物是什么？

文物是我国对物质文化遗产的独有名词，是中国特色文物保护体系的基础概念。什么是文物？如何全面认识和理解文物？我国著名文物学家谢辰生先生（1922—2022）在主编首版《中国大百科全书·文物卷》的前言中第一次明确提出了定义："当代中国根据文物的特征，结合中国保存文物的具体情况，把'文物'一词作为人类社会历史发展进程中遗留下来的、由人类创造或者与人类活动有关的一切有价值的物质文化遗产的总称。"《中华人民共和国文物保护法（修订草案）》（征求意见稿）已将此概念纳入总则，有望通过立法加以固化，实现文物学理与法理的统一。

1982年颁布实施的《中华人民共和国文物保护法》（以下简称《文物保护法》）也是谢辰生先生主持起草。为更好理解掌握《文物保护法》，推荐大家先阅读学习谢辰生先生的经典文章《文物》（全文见附录）。只有全面正确认识文物，才能依法保护文物。

二 文物如何分类？

《文物保护法》将文物分为不可移动文物和可移动文物两大类。

顾名思义，不可移动文物是指那些与所存在空间依存度高，附着于土地或其他不可移动物体之上的，存在形态比较稳定稳固，不应被移动的文物，如古遗址、古建筑等。要注意，这里的"不可移动"不仅是空间形态，更是法律的强制性要求。

可移动文物是相对于不可移动文物而定义的，指在那些存在空间和形态上依附性不强，随着人类活动而流动的、可以进行移动的文物，如博物馆中所收藏的各类文物。

三 《文物保护法》的由来

1949年10月1日,中华人民共和国成立。1949年11月1日,中央人民政府文化部成立,设一厅六局,文物局就是其中之一。文物局组建后,抓的第一件事就是为文物保护建章立制。1950年,政务院颁布了《禁止珍贵文物图书出口暂行办法》《古文化遗址及古墓葬之调查发掘暂行办法》《征集革命文物令》《关于保护古文物建筑的指示》等法令文件。这一系列切实有效的举动,为我国文物保护法制建设与文物管理奠定了基础。

随着国家建设的全面开展,我们又陆续出台了一系列政策文件,强化文物依法管理工作。但某一单项和领域的法令显然已无法满足客观发展要求,为此国务院于1961年正式颁布了首部涵盖全面的综合性文物保护法规《文物保护管理暂行条例》,标志着新中国的文物保护制度初步形成。

1982年11月19日,第五届全国人民代表大会常务委员会第二十五次会议审议通过的《中华人民共和国文物保护法》便是在《文物保护管理暂行条例》的基础上加以完善形成的。作为我国文化遗产领域的第一部法律,《文物保护法》的意义十分重大,为历史文化名城、名镇、名村保护,非物质文化遗产及城乡规划建设等方面的法制建设都建立了基础、提供了参照和指引。

1982年《文物保护法》颁布实施以来，全国人大常委会分别于1991年、2007年、2013年、2015年、2017年进行过五次具体条款的修正。2002年10月28日第九届全国人民代表大会常务委员会第三十次会议进行了一次全面的修订。

四 我国还有哪些关于文物保护的法律法规？

中国特色社会主义文物保护法律法规制度体系是由法律、行政法规、地方性法规和规章等组成。党中央、国务院在不同时期还会出台具有指导性的政策文件，不断完善法律法规体系建设。

以《文物保护法》为核心，国务院还颁布实施了《中华人民共和国文物保护法实施条例》《历史文化名城名镇名村保护条例》《中华人民共和国水下文物保护管理条例》《长城保护条例》《博物馆条例》这五部与之相配套的行政法规。目前，文化和旅游部、国家文物局还正在研究制定关于大运河文化遗产保护等方面的行政法规。

为保障《文物保护法》的实施，文物行政部门还专门制定了《大运河保护管理办法》《世界文化遗产保护管理办法》《文物认定管理暂行办法》《文物进出境审核管理办法》《古人类化石和古脊椎动物化石保护管理办法》《博物馆藏品管理办法》《文物保护工程管理办法》等。从行业管理角度，国家文物局也制定一系列规范性文件和指导意见。

在省市地方，据统计，目前已出台了200多部地方性文物保护法规，如《北京市文物保护管理条例》《河北省长城保护条例》等等。从行业管理角度，国家文物局也制定了一系列规范性文件和指导意见。

此外，《中华人民共和国刑法》中还设有"妨碍文物管理罪"的专节。其他相关法律法规中也有涉及文物保护的条款。

五 《文物保护法》的立法宗旨是什么?

《文物保护法》总则开篇第一条:"为了加强对文物的保护,继承中华民族优秀的历史文化遗产,促进科学研究工作,进行爱国主义和革命传统教育,建设社会主义精神文明和物质文明,根据宪法,制定本法。"即为立法宗旨。由此也解答了我们为什么要保护文物的问题。文物是我国文化事业的基石,保护文物是为继承中华民族优秀传统文化,弘扬社会主义核心价值观,通过科学研究阐述文物价值,激发国民的爱国主义情怀,坚定文化自信,为实现中华民族伟大复兴的中国梦凝聚强大精神力量。

文物保护并不是直接为了经济效益而服务的,文物事业不是、也不可能产业化市场化。文物保护与经济社会发展的关系,是通过文物保护的成果促进物质文明建设。有了这个基础性的认识,在实际工作中就不会产生所谓"文物保护要为经济建设让路""文物保护是落后守旧的"等错误想法和做法。要理直气壮地宣传和树立保护文物也是政绩的新时代科学理念。

六 《文物保护法》由哪些内容组成？

现行的《文物保护法》共八章八十条，依次为：总则、不可移动文物、考古发掘、馆藏文物、民间收藏文物、文物出境进境、法律责任及附则。整部法律紧紧围绕保护与如何保护展开，这也正是《文物保护法》不应被简称为《文物法》的原因。保护是这部法律的核心和基础。

《文物保护法》的组成内容规定了文物工作的范畴，即文物、考古和博物馆三大领域，和不可移动文物和可移动文物两大类型。从研究角度，文物和考古可以是两个学科，但从保护管理角度，文物则包含考古与博物馆。

七 文化遗产与文物是一回事吗?

文化遗产与文物不能画等号,文化遗产的概念要大于文物。从我国文化遗产保护法制建设的角度来看,文物是文化遗产的基础和重要组成部分,引领了文化遗产保护事业的发展。新中国成立后,在中央人民政府政务院颁布的第一个关于文物保护的法令文件《禁止珍贵文物图书出口暂行办法》中就同时明确了文化遗产与文物:"为保护我国文化遗产,防止有关革命的、历史的、文化的、艺术的珍贵文物图书流出国外。"

2005年12月,《国务院关于加强文化遗产保护的通知》对此有清晰明确的界定:"文化遗产包括物质文化遗产和非物质文化遗产。物质文化遗产是具有历史、艺术和科学价值的文物,包括古遗址、古墓葬、古建筑、石窟寺、石刻、壁画、近代现代重要史迹及代表性建筑等不可移动文物,历史上各时代的重要实物、艺术品、文献、手稿、图书资料等可移动文物;以及在建筑式样、分布均匀或与环境景色结合方面具有突出普遍价值的历史文化名城(街区、村镇)。非物质文化遗产是指各种以非物质形态存在的与群众生活密切相关、世代相承的传统文化表现形式,包括口头传统、传统表演艺术、民俗活动和礼仪与节庆、有关自然界和宇宙的民间传统知识和实践、传统手工艺技能等以及与上述传统文化表现形式相关的文化空间。"

《文物保护法》与《非物质文化遗产保护法》是我国文化遗产保护工作的两部基本法。无论是法制建设,还是法治水平,《文物保护法》都比《非物质文化遗产保护法》较为完备和具可操作性。

八 我国目前有多少文物？

在《文物保护法》中，文物被划分为"不可移动文物"和"可移动文物"。

根据2007年至2011年开展的全国第三次文物普查统计，我国现有登记在册的不可移动文物共766722处（不包括港澳台地区）。其中，新发现登记不可移动文物536001处，复查登记不可移动文物230721处。从不可移动文物的类别构成上看，古遗址类193282处，古墓葬类139458处，古建筑类263885处，石窟寺及石刻类24422处，近现代重要史迹及代表性建筑类141449处，其他类4226处。

另据2012年至2016年开展的全国第一次可移动文物普查统计，我国境内（不包括港澳台地区）各级国家机关、事业单位、国有企业和国有控股企业、中国人民解放军和武警部队等各类国有单位所收藏保管的国有可移动文物，包括普查前已经认定和在普查中新认定的国有可移动文物共计108154907件/套。其中，按照普查统一标准登录文物完整信息的为26610907件/套（实际数量64073178件）。

《文物保护法》是一部动态管理的法律，随着普查和日常认定的推进，文物的数量还会不断更新。

九 如何认识文化和自然遗产日?

《国务院关于加强文化遗产保护的通知》(以下简称《通知》)决定,从 2006 年起,每年 6 月的第二个星期六为我国的"文化遗产日"。《通知》还对我国的文化遗产保护工作进行了战略性的全面部署,提出了"到 2010 年,初步建立比较完备的文化遗产保护制度,文化遗产保护状况得到明显改善。到 2015 年,基本形成较为完善的文化遗产保护体系,具有历史、文化和科学价值的文化遗产得到全面有效保护;保护文化遗产深入人心,成为全社会的自觉行动"的总体目标。

1956 年,《国务院关于在农业生产建设中保护文物的通知》中就要求,必须发挥广大人民群众爱护文物的积极性,"使保护文物成为广泛的群众性工作";1982 年《文物保护法》正式颁布,将"一切机关、组织和个人都有保护国家文物的义务"上升到法律高度。文化遗产日的设立,为公众参与文化遗产保护提供了制度性的平台,进一步开启了文物保护全民共享的时代,是我国文物事业几十年来的经验积累和文物保护法制建设的新成就。

2016 年,《国务院关于同意设立"文化和自然遗产日"的批复》决定将每年 6 月第二个星期六的"文化遗产日",调整设立为"文化和自然遗产日"。与联合国教科文组织的《保护世界文化和自然遗产公约》相对应,在文化遗产在基础上增加了自然遗产。

回顾这十几年,在发起"文化遗产日"和早期活动组织上,先是以文物为主,而后将非遗和自然遗产逐步完善进来。如今,每年文化和自然遗产日,文物的行政管理部门国家文物局、非物质文化遗产的行政管理部门文化和旅游部,自然遗产的行政管理部门国家林业和草原局,都会围绕各自领域开展面向全民的活动。然而在公众层面,由于大家对"文化和自然遗产日"内涵理解还不够深入,专业知识的普及度还不够到位,常常会出现以自身熟悉的局部认识替代整体概念的现象,如把"文化和自然遗产日"误读成"非遗日"等。

"文化和自然遗产日"是一个整体,不能进行拆解。文化遗产日整合为文化和自然遗产日后,如何有效地统筹?一方面要加强顶层设计,另一方面就是普法,普及文化遗产保护常识。对于前者,《国务院关于加强文化遗产保护的通知》曾提出:"成立国家文化遗产保护领导小组,定期研究文化遗产保护工作的重大问题,统一协调文化遗产保护工作。"后者需要我们在规划"文化和自然遗产日"活动时,多注重普及性和普及度。只有让公众真正了解文化和自然遗产,才能做到全民参与、全民共享,让每天都成为"文化和自然遗产日"。

十　为什么说郑振铎是新中国文物事业的奠基人和开拓者？

郑振铎先生（1898—1958）不仅是我国杰出的作家和学者，更是一位具有远见卓识和开拓精神的事业家，对新中国文物事业做出了跨时代、全局性的重大贡献。

新中国成立后，郑振铎被任命为首任文化部文物局局长，同时还担任中国科学院考古研究所和文学研究所的所长，全国政协文教组组长等职务，全面主持我国文物事业的行政管理、理论研究、教育等方面工作。

郑振铎先生早在20世纪20年代就开始研究文物和现代考古学。他对文物的认识打破了传统的古董观念，将文物作为科学与历史来研究。郑振铎先生一直致力于保护祖国文物，从抗日战争期间到新中国成立，在上海为国家抢救了大量珍贵的文物和古籍，不仅身体力行，还为此著书立说，大声疾呼。

1950年，在郑振铎先生的主持和指导下，刚组建的文物局马上着手文物保护的法制建设，拟定了一系列重要的法规文件。可以说，《文物保护法》中的很多理念和原则都是在他任内逐步探索出来的。他还特别注重文物事业的专业化队伍建设，文物局各业务处室几乎都是由他推荐安排的一流专家学者担任。他在大力支持北京大学考古学教育的同时，从1952年开始还亲自谋划和主持由文化部、中国科学院和北京大学联合举办了4届考古人员训练班，为新中国培养出一批一线考古专业人才，被誉为"黄埔四期"。

1956年，郑振铎先生主持召开了第一次"全国考古工作会议"，作了题为"考古事业的成就和今后努力方向"的报告。身为国务院科学规划委员会考古组组长，他还与尹达、夏鼐共同主持制定了《考古学研究工作十二年远景规划》。

1956年郑振铎先生主持召开了第一次"全国博物馆工作会议"，确定了新中国博物馆事业的性质、方针和发展方向。他直接指导故宫博物院的文物保护和博物馆陈列，举办了《敦煌展览》等多次文物展览，筹建了《绘画馆》《陶瓷馆》等专馆。他十分重视文物的宣传和出版工作，注意普及与提高相结合，创办了《文物参考资料》等刊物。他积极利用文物保护成果，在国内外进行宣传展览，为文物的"活起来"、走出去工作奠定了坚实基础。

他担任文物局局长后，上书周恩来总理将自己在上海重金收购的文物全部捐献国家，并与文物局副局长王冶秋同志共同倡议，从事文物工作人员不要购买和收藏文物，成为新中国文物工作者的一个优良传统。王冶秋先生是郑振铎先生开展文物工作的重要合作伙伴，也是文物局的第二任局长，业内一直有将他们二人并称的习惯。

郑振铎先生对非物质文化遗产和民间文化也做出了开拓性贡献，1938年开始就撰写了《中国俗文学史》等关于民间文化的著作，新中国成立后还兼任中国民间文艺研究会（中国民间文艺家协会前身）副主席，在任中国科学院文学研究所所长时期也为此做了大量工作。

# 二、方针原则篇

一　什么是《文物保护法》的十六字方针？

2016年，全国文物工作会议在京召开，习近平总书记在对文物工作做出的重要指示中强调，各级党委和政府要增强对历史文物的敬畏之心，树立保护文物也是政绩的科学理念，统筹好文物保护与经济社会发展，全面贯彻"保护为主、抢救第一、合理利用、加强管理"的工作方针，切实加大文物保护力度，推进文物合理适度利用，使文物保护成果更多惠及人民群众。

"保护为主、抢救第一、合理利用、加强管理"是《文物保护法》的核心理念，是我国文物工作的总方针、总原则，被业内称之为文物工作的"定海神针"。十六字方针是对新中国文物工作经验的提炼和总结，2002年修订《文物保护法》时正式予以明确提出，纳入法律总则。十六字方针科学地概括和反映出了我国文物保护工作的普遍规律，是对如何开展文物保护工作最好的诠释和指引。《文物保护法》所有条款都是紧紧围绕于此展开的，只有正确理解了十六字方针，才能对《文物保护法》的管理理念有全面的掌握。

十六字方针是相互联系，具有辩证关系的有机整体，必须全面、完整和准确地加以理解。"保护为主"是文物工作的核心和基础,"抢救第一"是强调文物工作的重点,是主要矛盾和主要矛盾方面。其中的"利用"是明确受到限制的,利用要合理,要以保护为主,服从保护,要以"加强管理"来保证最根本的"保护为主、抢救第一"。所以,我们在工作中一定要强调十六字方针的整体性和逻辑性,切勿断章取义、本末倒置。

二 什么是文物保护的基本理念？

"在保护中发展，在发展中保护"是党的十八大以来，习近平总书记在不同场合所反复强调的文物保护基本理念，已成为完整准确全面贯彻新发展理念的重要组成部分。

文物保护与经济社会发展相协调，必须把保护置于首位，只有在保护中发展，才能做到在发展中保护，二者不能本末倒置。要把文物保护工作视为经济社会发展的重要组成部分，明确保护也是发展，才能"树立保护文物也是政绩的科学理念"。

需要明确，城乡建设并不能与发展画等号，只有依法合规的建设才能推动发展。在实践中出现的诸多保护与建设之间的矛盾，实质上是保护与违规建设项目的矛盾，是建设没有处理好与保护的关系，没有践行"在保护中发展，在发展中保护"的理念。比如，建设项目的地块上明明有文物存在，在规划时却没有按照《文物保护法》的要求进行保护，造成建设与保护之间的尖锐矛盾，这显然是建设违法所导致的。文物是受损害的一方，怎能说是文物保护影响了建设呢？这就需要考虑在《文物保护法》修订中更加突出文物保护的前置要求，在土地出让前要把文物保护事项作为刚性原则，效仿"先考古，再出让"，对出让地块进行文物调查，制定保护一揽子清单。

从法律层面，如何做好"在保护中发展，在发展中保护"，《文物保护法》总则中有很多条款对此进行了诠释和规定，如：

> 各级人民政府应当重视文物保护，正确处理经济建设、社会发展与文物保护的关系，确保文物安全。
>
> 基本建设、旅游发展必须遵守文物保护工作的方针，其活动不得对文物造成损害。
>
> 公安机关、工商行政管理部门、海关、城乡建设规划部门和其他有关国家机关，应当依法认真履行所承担的保护文物的职责，维护文物管理秩序。
>
> ——《文物保护法》第九条

> 国家发展文物保护事业。县级以上人民政府应当将文物保护事业纳入本级国民经济和社会发展规划，所需经费列入本级财政预算。
>
> 国家用于文物保护的财政拨款随着财政收入增长而增加。
>
> ——《文物保护法》第十条

三 什么是"原址保护"?

"原址保护"是不可移动文物保护的基本原则。不可移动文物保护不能脱离其原生环境,未经严格审批,不得进行迁移。《文物保护法》明确规定:"建设工程选址,应当尽可能避开不可移动文物;因特殊情况不能避开的,对文物保护单位应当尽可能实施原址保护。"这也是国际上所通行的原则。

当建设项目不能避开不可移动文物时,必须先制定原址保护措施,经文物行政部门批准后,才能开工。"因特殊情况不能避开的",应是像三峡工程这样的国家重大基础建设,不能被滥用。需要拆除或迁移市级和县级文物保护单位、尚未核定公布为文物保护单位的不可移动文物,应报省、自治区、直辖市人民政府批准。拆除或迁移省级文物保护单位,省、自治区、直辖市人民政府审批前,还要征得国家文物局同意,否则不得批准。全国重点文物保护单位不得拆除。"需要迁移的,须由省、自治区、直辖市人民政府报国务院批准。"

四 什么是"不改变文物原状"?

"不改变文物原状"是不可移动文物保护和可移动文物保护所共同遵守的基本原则,要求在文物保护利用的全过程中不得改变文物的原有形态。

"不改变文物原状"与"原址保护"共同构成了不可移动文物保护的两条铁律。在实践层面,二者往往是相统一的。破坏了原址就是改变了文物原状,《文物保护法》有专门规定:"不可移动文物已经全部毁坏的,应当实施遗址保护,不得在原址重建。"也就是说,即使原状被改变了,原址保护的原则也要继续坚持,尽量把历史信息保留,把损失降到最低。

这里所说的原状可以从两个维度解读:一是文物建造形成时的状态,一是文物被认定时的基本形态。同时还要包括与文物相依存的必要环境。《文物保护法》规定:"对不可移动文物进行修缮、保养、迁移,必须遵守不改变文物原状的原则。"限定文物的利用方式也是对文物原状信息的一种保护,所以我们在方针上强调"合理利用"。

对可移动文物,《文物保护法》也同样规定:"修复馆藏文物,不得改变馆藏文物的原状。"这与不可移动文物在理念上是一致的。

五　什么是文物的真实性和完整性？

保护不可移动文物通常会强调真实性和完整性。这两个基本原则虽然没有直接写入《文物保护法》，却是对"不改变文物原状""原址保护"等基本保护原则的具体诠释。

2015版《中国文物保护古迹准则》（国际古迹遗址理事会中国国家委员会制定，国家文物局推荐）中，真实性被定义为："文物古迹本身的材料、工艺、设计及其环境和它所反映的历史、文化、社会等相关信息的真实性。对文物古迹的保护就是保护这些信息及其来源的真实性。与文物古迹相关的文化传统的延续同样也是对真实性的保护。"完整性被定义为："文物古迹的保护是对其价值、价值载体及环境等体现文物古迹价值的各个要素的完整保护。文物古迹在历史演化过程中形成的包括各个时代特征、具有价值的物质遗存都应得到尊重。"完整性应该建立在真实性基础之上，只有真实性、完整性统一起来，实现文物保护才是完整的。

为了保护文物的真实性和完整性，在文物保护工程中还有"四原"原则，即修缮时要使用原材料、原做法、原工艺、原形制，对各个时期的历史信息都不要轻易去掉，文物后期修补的地方要有可识别性，后期加入的一些设施、构件都要做到可逆等等。

六 如何理解文物保护的限定用途原则？

此原则具体是指不可移动文物、可移动文物的所有人、使用人应严格按照《文物保护法》规定的用途规范使用文物，国有文物改变用途要依法报批。非国有文物的使用必须以保护为基础，改变原用途也要报备。具体来讲，在不可以移动文物方面，主要规定条款有：

> 核定为文物保护单位的属于国家所有的纪念建筑物或者古建筑，除可以建立博物馆、保管所或者辟为参观游览场所外，作其他用途的，市、县级文物保护单位应当经核定公布该文物保护单位的人民政府文物行政部门征得上一级文物行政部门同意后，报核定公布该文物保护单位的人民政府批准；省级文物保护单位应当经核定公布该文物保护单位的省级人民政府的文物行政部门审核同意后，报该省级人民政府批准；全国重点文物保护单位作其他用途的，应当由省、自治区、直辖市人民政府报国务院批准。国有未核定为文物保护单位的不可移动文物作其他用途的，应当报告县级人民政府文物行政部门。
>
> ——《文物保护法》第二十三条

国有不可移动文物不得转让、抵押。建立博物馆、保管所或者辟为参观游览场所的国有文物保护单位,不得作为企业资产经营。

——《文物保护法》第二十四条

非国有不可移动文物不得转让、抵押给外国人。

非国有不可移动文物转让、抵押或者改变用途的,应当根据其级别报相应的文物行政部门备案。

——《文物保护法》第二十五条

在可移动文物方面,主要规定条款有:

考古发掘的文物,应当登记造册,妥善保管,按照国家有关规定移交给由省、自治区、直辖市人民政府文物行政部门或者国务院文物行政部门指定的国有博物馆、图书馆或者其他国有收藏文物的单位收藏。经省、自治区、直辖市人民政府文物行政部门批准,从事考古发掘的单位可以保留少量出土文物作为科研标本。

考古发掘的文物,任何单位或者个人不得侵占。

——《文物保护法》第三十四条

文物收藏单位应当充分发挥馆藏文物的作用,通过举办展览、科学研究等活动,加强对中华民族优秀的历史文化和革命传统的宣传教育。

——《文物保护法》第四十条

法律对文物的使用是鼓励开展公益性,侧重于科学研究、开展教育和展示等方面的。限定用途不是禁止使用，而是科学促进使用。近几年，国家文物局专门出台《大遗址利用导则（试行）》《文物建筑开放导则》等文件，提倡文物建筑应采取不同形式对公众开放，现状尚不具备开放条件的文物建筑应创造条件对公众开放。明确文物建筑开放应有利于阐释文物价值、发挥文物社会功能、保持文物安全、提升文物管理水平，在不影响文物建筑安全的前提下，依托文物建筑进行参观游览、科研展陈、社区服务、经营服务等活动。

七 如何理解文物来源合法原则？

此原则主要针对可移动文物保护，是对馆藏文物、民间收藏文物和流通文物的限制性规定。对于文物收藏单位取得文物的方式，《文物保护法》规定为："（一）购买；（二）接受捐赠；（三）依法交换；（四）法律、行政法规规定的其他方式。国有文物收藏单位还可以通过文物行政部门指定保管或者调拨方式取得文物。"对于文物收藏单位以外的公民、法人和其他组织取得文物的方式，《文物保护法》规定为："（一）依法继承或者接受赠与；（二）从文物商店购买；（三）从经营文物拍卖的拍卖企业购买；（四）公民个人合法所有的文物相互交换或者依法转让；（五）国家规定的其他合法方式。文物收藏单位以外的公民、法人和其他组织收藏的前款文物可以依法流通。"法律同时也规定，不得买卖国有馆藏文物、国有文物（国家允许的除外）、非国有馆藏珍贵文物、国有不可移动文物的主要构件（具有收藏价值的壁画、雕塑、建筑构件等）、非法盗掘走私的文物等一切来源不明的文物。

文物来源合法的基本原则和管理措施是基于文物国有这一法律原则建立起来的。

八 如何理解文物国有原则？

《文物保护法》第五条明确规定：

中华人民共和国境内地下、内水和领海中遗存的一切文物，属于国家所有。

古文化遗址、古墓葬、石窟寺属于国家所有。国家指定保护的纪念建筑物、古建筑、石刻、壁画、近代现代代表性建筑等不可移动文物，除国家另有规定的以外，属于国家所有。

国有不可移动文物的所有权不因其所依附的土地所有权或者使用权的改变而改变。

下列可移动文物，属于国家所有：

（一）中国境内出土的文物，国家另有规定的除外；

（二）国有文物收藏单位以及其他国家机关、部队和国有企业、事业组织等收藏、保管的文物；

（三）国家征集、购买的文物；

（四）公民、法人和其他组织捐赠给国家的文物；

（五）法律规定属于国家所有的其他文物。

属于国家所有的可移动文物的所有权不因其保管、收藏单位的终止或者变更而改变。

国有文物所有权受法律保护，不容侵犯。

值得注意的是，法律规定的文物国有是永久性的，不会因其所依附的土地权属变更或收藏单位变更而改变。《文物保护法》明确规定，国有不可移动文物不得转让、抵押，不得作为企业资产经营。也就是说，开发商可以通过合法渠道获得土地的使用权，但土地上的国有不可移动文物和国有馆藏可移动文物却不得买卖，不得变更为非国有财产进行经营，否则就是国有资产流失，要被依法追究责任。

但这并不是说所有文物都要划归国有，个人就不能收藏持有文物。《文物保护法》第六条也同时规定："属于集体所有和私人所有的纪念建筑物、古建筑和祖传文物以及依法取得的其他文物，其所有权受法律保护。"《物权法》的出台，也为此提供了法律依据。公民、法人组织可以通过合法渠道获得国家允许流通的文物，《文物保护法》第五章"民间收藏文物"对此有一系列具体规定。

国有文物的所有权通常包括占有权、使用权、收益权、处分权四项。依据《文物保护法》："一切机关、组织和个人都有依法保护文物的义务"的规定，国家文物局专门出台《关于鼓励和支持社会力量参与文物建筑保护利用的意见》。

九 如何理解文物相对集中收藏保护原则？

此原则主要是指对可移动文物保护。可移动文物相对分散，为了有利于保护和研究，《文物保护法》设有"馆藏文物"专章，鼓励开设博物馆、纪念馆、图书馆等文物收藏单位进行集中保护。

从文物管理角度，集中收藏保护优于民间分散收藏，国家博物馆收藏保护优于非国有博物馆收藏。这样也有利于国家对文物保护的整体财政投入和研究利用工作。当然，一切合法的民间收藏文物也是被允许的，国家也鼓励开设非国有博物馆，并给予政策支持和业务指导。

"予所收藏，不必终予身为予有，但使永存吾土，世传有绪，则是予所愿也！今还珠于民，乃终吾夙愿！"新中国成立后，张伯驹先生、徐悲鸿先生、孙瀛洲先生、罗伯昭先生等大收藏家都将自己收藏的珍贵文物无偿捐赠给国家。

十　如何理解不主动发掘帝王陵墓原则？

《文物保护法》第三章"考古发掘",将考古纳入文物保护。谢辰生先生指出："科学的考古发掘,是文物保护的一种特殊手段。"正是因为考古要服务于文物保护,尽量不去破坏文物原状,因此考古许可制度和不主动发掘也成了国内外普遍遵守的考古工作准则。《文物保护法》规定："一切考古发掘工作,必须履行报批手续;从事考古发掘的单位,应当经国务院文物行政部门批准。地下埋藏的文物,任何单位或者个人都不得私自发掘。"

就如我国商周时期的青铜器上刻着的"子子孙孙永保用也"那样,在科技和保护手段没有万无一失的把握前,要把更多的文物留给后世,可持续性保护。在这方面,我们也有过惨痛的教训。20世纪50年代,明史学家吴晗联合其他历史学家上书请求发掘明长陵。鉴于文物部门和考古专家的反对,国家最终决定选择价值和规模小一点的明定陵为试点。结果明定陵出土的文物,尤其是丝织品因无法保存而碳化,发掘反而成为破坏。1987年《国务院关于进一步加强文物工作的通知》就明确提出："考古发掘工作必须严格履行报批手续。对不妨碍基建的重要古墓葬、古遗址,在当前出土文物保护技术还没有完全过关的情况下，一般不进行发掘。"

当前，对不主动发掘帝王陵墓冲击最大是盗墓和文物非法倒卖走私等活动，加之一些"盗墓笔记"类书籍、网剧和鉴宝类电视节目对公众不正确、不负责任的宣传引导，美化了盗墓，过度强调文物的经济价值，让很多年轻人将盗墓与考古相混淆，将文物价值视为值多少钱。须知，盗墓和非法倒卖文物是典型的违法犯罪行为，是对文物的盗窃与毁灭，更会对我们正常的考古工作造成不可逆的破坏，是要被追究刑事责任的。

三、保护管理篇

一 不可移动文物如何分类？

如前所述，文物可分为不可移动文物和可移动文物。

《文物保护法》对不可移动文物进行的具体分类包括：古文化遗址、古墓葬、古建筑、石窟寺和石刻、壁画、近代现代重要史迹、实物、代表性建筑，及"反映历史上各时代、各民族社会制度、社会生产、社会生活的代表性实物"中的不可移动文物部分。若从细化管理角度，还可再分为地上不可移动文物和地下不可移动文物。

据此，在核定公布文物保护单位时，一般分类为：古遗址、古墓葬、古建筑、石窟寺及石刻、近现代重要史迹及代表性建筑、其他。每一个大项目还可再细分，如对近现代重要史迹及代表性建筑的普查认定，又可分为：重要历史事件和重要机构旧址、重要历史事件及人物活动纪念地、名人故、旧居、传统民居、宗教建筑、名人墓、烈士墓及纪念设施、工业建筑及附属物、金融商贸建筑、中华老字号、水利设施及附属物、文化教育建筑及附属物、医疗卫生建筑、军事建筑及设施、交通道路设施、典型风格建筑或构筑物、其他近现代重要史迹及代表性建筑。

不可移动文物还包括历史文化名城、名镇、名村和历史文化街区。历史文化名城保护制度是在1982年《文物保护法》中正式建立。因此,我们要从认识上厘清,历史文化名城名镇名村和历史文化街区本质是不可移动文物,是物质的,存在于历史文化名城名镇名村中的非物质文化遗产等其他元素需依托文物而存在,加以整体保护。

此外,世界文化遗产也是不可移动文物的一部分。文化部于2006年制定了《世界文化遗产保护管理办法》,明确"国家文物局主管全国世界文化遗产工作,协调、解决世界文化遗产保护和管理中的重大问题,监督、检查世界文化遗产所在地的世界文化遗产工作"。但也要明确一点,作为不可移动文物加以管理仅是"指列入联合国教科文组织《世界遗产名录》的世界文化遗产和文化与自然混合遗产中的文化遗产部分",纯粹的自然遗产并不是不可移动文物。

二　可移动文物如何分类？

《文物保护法》对可移动文物的具体分类为："历史上各时代重要实物、艺术品、文献、手稿、图书资料、代表性实物等。"以此为据，工作中一般又按文物质地进行分类，如青铜器、玉器、陶瓷器、书画等纸制品、纺织品、竹木牙角器等杂项。

这些文物因具有可移动属性，国有部分大多收藏在博物馆、图书馆和其他文物收藏单位中。非国有部分有作为个人财产的传世文物，或通过《文物保护法》所规定的民间收藏文物依法取得的。还有很大一部分仍埋葬在我国疆域内的地下和水下，很大一部分尚未被发现和认定。与此相比，我们现在已发现和保护的文物还是太少。人类在创造历史的同时也会不断给后世遗留下承载历史的文物。因此，我们要以发展的眼光看待文物保护事业。

三 不可移动文物如何分级?

按照《文物保护法》规定,根据文物的价值采取分级认定和管理。不可移动文物被分为文物保护单位和尚未核定公布为文物保护单位的不可移动文物两级。文物保护单位又分为:全国重点文物保护单位、省级文物保护单位,市、县级文物保护单位。

不可移动文物的范围要大于文物保护单位。《文物保护法》是一部动态管理的法律。《文物保护法》不是《文物保护单位保护法》,法律要保护的是所有具有文物价值的物质遗存,使其拥有与价值相对应的文物身份。

四 可移动文物如何分级?

按照《文物保护法》的规定,可移动文物被分为珍贵文物和一般文物,珍贵文物又依照其价值被分为一级文物、二级文物、三级文物。

目前,国有馆藏文物中具备珍贵文物价值,却尚未被定级的文物也很普遍。民间文物则普遍没有得到认定和定级。这方面的工作还需要持续加强。《文物保护法实施条例》中规定:"公民、法人和其他组织依法收藏文物的,可以要求文物行政主管部门对其收藏的文物提供鉴定、修复、保管等方面的咨询。"

五 如何认定文物？

《文物保护法》是保护和管理文物的法律。法律的实施首先就需要确定保护对象，即文物行政部门将具有历史、艺术、科学价值的文化资源确认为文物的行政行为，也就是我们所说的文物认定。

文物认定工作要依据《文物保护法》第二条的规定进行：

在中华人民共和国境内，下列文物受国家保护：

（一）具有历史、艺术、科学价值的古文化遗址、古墓葬、古建筑、石窟寺和石刻、壁画；

（二）与重大历史事件、革命运动或者著名人物有关的以及具有重要纪念意义、教育意义或者史料价值的近代现代重要史迹、实物、代表性建筑；

（三）历史上各时代珍贵的艺术品、工艺美术品；

（四）历史上各时代重要的文献资料以及具有历史、艺术、科学价值的手稿和图书资料等；

（五）反映历史上各时代、各民族社会制度、社会生产、社会生活的代表性实物。

文物认定的标准和办法由国务院文物行政部门制定，并报国务院批准。

文物认定是依据文物的历史、艺术、科学三大价值来进行的综合科学评定,并非外界所说的100年以上才能是文物的简单时间划分。历史、艺术、科学三大价值未必能在一处文物身上都有体现,其中只要某一方面价值突出,同样也可以被认定为文物。

要不断加强新发现文物的认定,动态管理文物。《文物保护法》不是仅对目前纳入文物保护法定范围的文物加以保护的法律,同时还规定了如何根据文物价值认定文物的程序,做到应认尽认,应保尽保。据谢辰生先生回忆,当初国务院审核通过第一批全国重点文物保护单位时,陈毅副总理看完名单,突然起身说:"这个会议,我不能主持。"他说,我们作为文明古国,才提出保护180处文物,如果我陈毅主持通过了,没法向后代子孙交代。与会的文化部副部长齐燕铭急忙解释,这只是第一批,后面会有第二第三批……而且我们还会公布省级、市县级等不同级别的文物。陈老总这才重新坐下来主持会议。

发现文物主要是通过国家定期开展的文物普查,文物行政部门日常工作中增补,公民、法人和其他组织通过文物认定申请这三种方式。国家文物普查是文物认定工作的主要基础。新中国成立至今,已先后开展了三次全国不可移动文物普查,一次全国可移动文物普查。这就如文物领域的人口普查,已成为我国文物认定的基本制度,今后还会定期开展。

文物行政部门的日常工作除了对已认定文物的保护和管理，同样不能忽视开展动态的文物认定工作。按照《文物保护法》的要求，2009年文化部制定了《文物认定管理暂行办法》，规范文物行政部门开展文物认定工作，同时大力鼓励公民、法人和其他组织在文物普查工作中发挥作用，可向县级以上文物行政部门书面申请认定文物。

六 如何核定文物保护单位？

我国文物保护单位制度建立于20世纪50年代，法律意义上的确立是在1961年国务院通过的《文物保护管理暂行办法》，最终在《文物保护法》中成为我国文物保护的基本管理制度。

《文物保护管理暂行条例》第一次提出了"全国重点文物保护单位"概念，并依此确定了180处第一批全国重点文物保护单位名单，包括革命遗址及革命纪念建筑物33处、石窟寺14处、古建筑及历史纪念建筑物77处、石刻及其他11处、古遗址26处、古墓葬19处。截至2022年，我国已核定公布了八批全国重点文物保护单位，总计5058处。各省市县也在分批次核定公布相应级别的文物保护单位和尚未核定公布为文物保护单位的不可移动文物。

文物保护单位的认定分为两个步骤，组织认定与核定公布。前者由与文物保护单位级别相对应的文物行政部门负责组织。后者由政府负责，如全国重点文物保护单位应由国务院核定公布，其他级别的文物保护单位的核定公布皆以此类推。《文物保护法》规定，本级文物保护单位的核定公布，同时要报上级政府备案，如"省级文物保护单位，由省、自治区、直辖市人民政府核定公布,并报国务院备案"。核定公布后的日常管理,也是依照此原则,在同级政府领导下由文物行政部门牵头负责组织实施,"县级以上人民政府有关行政部门在各自的职责范围内,负责有关的文物保护工作"。

文物保护单位是保护之保。如全国重点文物保护单位通常被简称为国保或国保单位,而非社会上经常误读的"国宝"。保与宝,虽同音,但意不同,前者突出保护,后者突出珍贵。保是强调具有重大历史、艺术、科学价值,而应采取的重点保护行为和措施,而宝只是强调价值而言。国之瑰宝,必应国保,这体现了文物的至高尊严和《文物保护法》的权威性,容不得半点含糊!

七　尚未核定公布为文物保护单位的不可移动文物是文物吗?

尚未核定公布为文物保护单位的不可移动文物是《文物保护法》中最低级别、最普遍、数量最大的已被依法认定、依法保护的不可移动文物。文物普查中的新发现，大量都归入此类。各级人民政府定期开展的文物保护单位核定，大多也是从此中挑选。目前，面临保护压力最大的也是这类文物。因此，法律也规定要不断加强对这部分不可动文物的晋升提级保护管理，实现《文物保护法》的动态管理。

在文物一线工作中，尚未核定公布为文物保护单位的不可移动文物通常被简称为"文物点"，是由县级人民政府文物行政部门予以登记并公布。由于量大，且多处于分散状态，文物行政部门的公布既是行政行为，同时也是为公众参与文物保护工作提供信息公开。《文物保护法》要求，对尚未核定公布为文物保护单位的不可移动文物同样也要制定保护措施。只登记不公布，是没有完成法律认定程序，只认定而不加以保护管理，是没有履行法律要求。

因尚未核定公布为文物保护单位的不可移动文物具有普遍性，核定公布的事权在县级人民政府文物行政部门。而实践中，由于很多县级文物行政部门的缺失或弱势，核定公布权普遍上移到了县级人民政府。由政府核定公布文物虽然更权威，但也有可能会为了建设项目规避文物。对此，我们应加大基层文物行政部门的机构建设，目前中编办已牵头制定措施。但要做到完全依法行政，不受建设和其他利益影响，还是要探索建立文物垂直管理或加大提级监督管理力度。

八 古人类化石和古脊椎动物化石是文物吗?

《文物保护法》将"具有科学价值的古脊椎动物化石和古人类化石同文物一样受国家保护"也纳入到了文物保护范畴。

为此文化部专门制定了《古人类化石和古脊椎动物化石保护管理办法》,明确《文物保护法》中规定的古人类化石和古脊椎动物化石具体是指古猿化石、古人类化石及其与人类活动有关的第四纪古脊椎动物化石。将古人类化石和古脊椎动物化石分别列入可移动文物和不可移动文物中加以保护。古人类化石和古脊椎动物化石分为珍贵化石和一般化石,参照可移动文物中的一、二、三级文物和一般文物保护管理。珍贵化石具体分级为:古人类化石、与人类有祖裔关系的古猿化石、代表性的与人类有旁系关系的古猿化石、代表性的与人类起源演化有关的第四纪古脊椎动物化石为一级化石;其他与人类有旁系关系的古猿化石、系统地位暂不能确定的古猿化石、其他重要的与人类起源演化有关的第四纪古脊椎动物化石为二级化石;其他有科学价值的与人类起源演化有关的第四纪古脊椎动物化石为三级化石。

古人类化石和古脊椎动物化石的遗迹,纳入不可移动文物的保护和管理体系。考古调查、勘探和发掘工作,按照国家有关文物考古调查、勘探和发掘的管理规定实施。

　　一言以蔽之,具有科学价值的古人类化石和古脊椎动物化石完全享受文物待遇,依照《文物保护法》规定加以保护管理。

九　什么是革命文物？

革命文物是我国文物的重要门类，既有不可移动文物，也有可移动文物，也被俗称为红色文物。对于革命文物的具体内涵，中共中央办公厅、国务院办公厅印发的《关于实施革命文物保护利用工程（2018—2022年）的意见》明确为："见证近代以来中国人民抵御外来侵略、维护国家主权、捍卫民族独立、争取人民自由和中国共产党领导中国人民进行社会主义革命、建设、改革的遗址遗迹、纪念设施、文物藏品。"在保护上则要求做到"坚持有址可寻、有物可看、有史可讲、有事可说"。有址和有物指的是文物载体，有史和有事指的是价值阐述和展示。

为了加大革命文物的保护力度，国家文物局已专门建立革命文物司，很多地方文物局也设立了革命文物处或专门机构。革命文物更加突显出我国文物认定价值体系的科学性，而非简单机械的以年代时间划线。《文物保护法》在规定文物保护范围条款中规定："与重大历史事件、革命运动或者著名人物有关的以及具有重要纪念意义、教育意义或者史料价值的近代现代重要史迹、实物、代表性建筑。"1961年，国务院核定公布第一批全国重点文物保护单位的名单中就包括了1958年刚建成的人民英雄纪念碑。

十 如何确定历史文化名城、名镇、名村？

历史文化名城属于不可移动文物保护的重要组成部分。1982年首部《文物保护法》正式提出并依法建立了历史文化名城保护制度，同年国务院公布了首批国家历史文化名城。按照《文物保护法》的规定，2008年国务院颁布实施了《历史文化名城名镇名村保护条例》。

对于历史文化名城名镇名村的认定程序，《文物保护法》第十四条规定：

> 保存文物特别丰富并且具有重大历史价值或者革命纪念意义的城市，由国务院核定公布为历史文化名城。
>
> 保存文物特别丰富并且具有重大历史价值或者革命纪念意义的城镇、街道、村庄，由省、自治区、直辖市人民政府核定公布为历史文化街区、村镇，并报国务院备案。

截止到目前，我国已有140座国家历史文化名城。此外，很多地方还核定了省级历史文化名城名镇名村。

十一　如何保护历史文化名城、名镇、名村？

与文物保护的权责略有不同，历史文化名城名镇名村因涉及城市整体规划和建设，所以是由国务院建设主管部门会同国务院文物主管部门负责。地方各级人民政府负责本行政区域历史文化名城、名镇、名村的保护和监督管理工作。具体执行单位为省、自治区、直辖市的规划建设主管部门会同文物主管部门及其他相关职能部门。

历史文化名城名镇名村保护秉承整体保护理念，保持和延续传统格局、历史风貌和空间尺度，不得改变与其相互依存的自然景观和环境。落实历史文化名城、名镇、名村的保护要靠保护规划的编制和实施。《历史文化名城名镇名村保护条例》规定："历史文化名城、名镇、名村批准公布后，所在地人民政府应当组织编制历史文化名城、名镇、名村保护规划。保护规划应当自历史文化名城、名镇、名村批准公布之日起1年内编制完成。"

保护规划的编制，在法律法规层面需严格遵照《文物保护法》《城乡规划法》《历史文化名城名镇名村保护条例》，在技术操作层面还有《历史文化名城保护规划规范》等行业标准规范。

十二 什么是历史文化街区和历史建筑？

历史文化街区和历史建筑是历史文化名城整体保护的基础，也是法定概念。依照《历史文化名城名镇名村保护条例》规定，历史文化街区是指经省、自治区、直辖市人民政府核定公布的保存文物特别丰富、历史建筑集中成片、能够较完整和真实地体现传统格局和历史风貌，并具有一定规模的区域。历史建筑是指经城市、县人民政府确定公布的具有一定保护价值，能够反映历史风貌和地方特色，未公布为文物保护单位，也未登记为不可移动文物的建筑物、构筑物。

2016年中共中央、国务院印发《关于进一步加强城市规划建设管理工作的若干意见》，要求"用5年左右时间，完成所有城市历史文化街区划定和历史建筑确定工作"。住建部也公布了具体数据："截至去年底，全国历史文化街区总量达到1200余片，与2016年底相比数量翻番；历史建筑总量达到5.75万处，增长近5倍。"

历史建筑是对不可移动文物的补缺。已经是不可移动文物的，不能再被认定为历史建筑，但历史建筑可以随时被提格认定为不可移动文物。很多地方在《历史文化名城名镇名村保护条例》颁布前，已经有相关地方立法，认定了很多保护性建筑。对此不能简单与历史建筑画等号,还是要从法律法规层面理顺,明确上位法与下位法关系。

2021年9月,中共中央办公厅、国务院办公厅印发《关于在城乡建设中加强历史文化保护传承的意见》,将历史地段也纳入构建城乡历史文化保护传承体系中。按照《历史文化名城保护规划规范》的解读,历史地段是指保留遗存较为丰富、比较完整、真实地反映一定历史时期传统风貌或民族、地方特色,存有较多文物古迹、近现代史迹和历史建筑,并具有一定规模的地区。历史地段与历史文化街区的关系就如同历史建筑与不可移动文物。《文物保护法》修订后,《历史文化名城名镇名村保护条例》势必也会有修订,这些新发展变化有望入法。

十三 什么是世界遗产？

联合国教育科学文化组织（简称"联合国教科文组织"）大会第十七届会议于1972年11月16日在法国巴黎通过了《保护世界文化和自然遗产公约》。1976年11月，联合国教科文组织文化遗产和自然遗产的政府间委员会（简称"世界遗产委员会"）成立，负责《保护世界文化和自然遗产公约》的实施，同时建立了《世界遗产名录》制度。由此，世界遗产的申报和保护工作成了国际社会的一项重要文化活动。

"考虑到部分文化或自然遗产具有突出的重要性，因而需作为全人类世界遗产的一部分加以保护。"世界遗产的评定要"具有突出的普遍价值"。

世界遗产是世界文化遗产和世界自然遗产的合称，此外还有复合型的世界文化和自然双重遗产。世界文化遗产包括文物、建筑群和遗址三个类型，如长城、莫高窟、中国大运河、良渚古城遗址等。世界自然遗产是指："从审美或科学角度看具有突出的普遍价值的由物质和生物结构或这类结构群组成的自然面貌；从科学或保护角度看具有突出的普遍价值的地质和自然地理结构以及明确划为受威胁的动物和植物生境区；从科学、保护或自然美角度看具有突出的普遍价值的天然名胜或明确划分的自然区域。"如九寨沟、中国丹霞、新疆天山等。世界文化和自然双重遗产，如泰山、黄山、武夷山等。

我国于1985年12月正式成为《保护世界文化和自然遗产公约》缔约国。截至2021年7月，已有56项世界文化和自然遗产列入《世界遗产名录》，其中世界文化遗产38项、世界自然遗产14项、世界文化与自然双重遗产4项，总数位列世界第二。

十四　如何理解文物保护的属地管理和提级管理？

文物保护的管理方式在《文物保护法》第八条中明确为：

国务院文物行政部门主管全国文物保护工作。

地方各级人民政府负责本行政区域内的文物保护工作。县级以上地方人民政府承担文物保护工作的部门对本行政区域内的文物保护实施监督管理。

县级以上人民政府有关行政部门在各自的职责范围内，负责有关的文物保护工作。

在国家文物局主管全国文物保护工作的基础上，明确了各级地方政府的主责，根据文物所在的属地和文物的级别进行责任分工。文物保护实施属地管理原则，但文物级别又优于属地，涉及不可移动文物中的全国重点文物保护单位，可移动文物中的馆藏一级文物，所有行政审批权限原则上都由国家文物局，甚至国务院直接负责，属地只负责按照法律要求负责日常管理。

其他级别文物的主管权在与之相对应的地方政府与文物行政部门，但凡涉及工程建设和保护方案，还要事先征得上级政府或文物行政部门的同意以及备案。如《文物保护法》第十七条规定：

物保护单位的保护范围内不得进行其他建设工程或者爆破、钻探、挖掘等作业。但是，因特殊情况需要在文物保护单位的保护范围内进行其他建设工程或者爆破、钻探、挖掘等作业的，必须保证文物保护单位的安全，并经核定公布该文物保护单位的人民政府批准，在批准前应当征得上一级人民政府文物行政部门同意；在全国重点文物保护单位的保护范围内进行其他建设工程或者爆破、钻探、挖掘等作业的，必须经省、自治区、直辖市人民政府批准，在批准前应当征得国务院文物行政部门同意。

这就是《文物保护法》的提级管理，以此确保属地管理对法律的严格落实。

十五 文物保护的"四有"和"五纳入"是指什么?

按照《文物保护法》的要求,各级文物保护单位都要有保护范围、标志说明、建立记录档案、专门的保护机构或者人员负责管理。这种管理措施被简称为文物保护的"四有"。

"五纳入"是为落实《文物保护法》属地管理原则,对各级人民政府所提出的具体要求,即将文物保护事业纳入国民经济和社会发展规划、将文物保护所需经费纳入财政预算、将文物保护纳入城市总体规划、将文物保护事业纳入体制改革、将文物保护纳入各级领导责任制。"五纳入"是1995年全国文物工作会议和1997年国务院印发的《关于加强和改善文物工作的通知》中明确提出的。

党的十八大以来,随着文物保护上升为基本国策,党中央国务院对文物保护提出了更新更高的要求,文物保护正在纳入各级干部的政绩考核。2016年,《国务院关于进一步加强文物工作的指导意见》提出:"建立文物保护责任终身追究制,对负有责任的领导干部,不论是否已调离、提拔或者退休,都必须严肃追责。"2018年,中共中央办公厅、国务院办公厅印发的《关于加强文物保护利用改革的若干意见》又进一步提出:"各地区要将文物工作纳入地方党政领导班子和领导干部政绩考核综合评价体系，切实增强各级领导干部文物保护利用的意识。"2016年，文物工作被纳入全国文明城市测评体系，目前正在推动实施文明城市创建"历史文化遗产保护一票否决制"。如此的纳入会越来越多，越来越有力度。

2021年，自然资源部和国家文物局印发了《关于在国土空间规划编制和实施中加强历史文化遗产保护管理的指导意见》，提出"在市、县、乡镇国土空间总体规划中统筹划定包括文物保护单位保护范围和建设控制地带、水下文物保护区、地下文物埋藏区、城市紫线等在内的历史文化保护线，并纳入国土空间规划'一张图'，实施严格保护；针对历史文化资源富集、空间分布集中的地域，以及非物质文化遗产高度依存的自然环境和历史文化空间，明确区域整体保护和活化利用的空间管控要求；历史文化保护线及空间形态控制指标和要求是国土空间规划的强制性内容，作为实施用途管制和规划许可的重要依据。国土空间规划中涉及文物保护利用的部分应征求同级文物主管部门意见。"

十六 什么是文物保护的"两线"?

文物保护的"两线"是指文物保护单位的保护范围和建设控制地带。这也是《文物保护法》的基本要求。

按照《文物保护法实施条例》要求,文物保护单位的保护范围是指:"对文物保护单位本体及周围一定范围实施重点保护的区域。"文物保护单位的保护范围不能与文物本体画等号,往往是大于文物本体的,"文物保护单位的保护范围,应当根据文物保护单位的类别、规模、内容以及周围环境的历史和现实情况合理划定,并在文物保护单位本体之外保持一定的安全距离,确保文物保护单位的真实性和完整性"。保护范围包含在"四有"工作中,各级地方人民政府应该在文物保护单位核定公布之日起一年内完成以上工作。

文物保护单位的建设控制地带是指"在文物保护单位的保护范围外,为保护文物保护单位的安全、环境、历史风貌对建设项目加以限制的区域"。

"两线"工作是保护文物的标配和依据,是由文物部门与规划建设部门完成划定,地方人民政府批准公布。不可移动文物保护一般就是对文物本体、保护范围和建设控制地带的保护管理措施。在当前的《文物保护法》修订中，有望参照文物保护单位对尚未核定公布为文物保护单位的不可移动文物的保护措施做进一步明确。

十七　文物可以重建吗？

文物是不可再生资源，不可移动文物在原则上是不允许重建的，拆真建假是违反《文物保护法》的，仿建古城更不可能替代文物。

《文物保护法》第二十二条规定：

> 不可移动文物已经全部毁坏的，应当实施遗址保护，不得在原址重建。但是，因特殊情况需要在原址重建的，由省、自治区、直辖市人民政府文物行政部门报省、自治区、直辖市人民政府批准；全国重点文物保护单位需要在原址重建的，由省、自治区、直辖市人民政府报国务院批准。

这里所指的"特殊情况需要"一般是指不可抗力，如地震、洪水等，或者违法拆除后，建筑信息和构件基本保存等情况。当不可移动文物被人为破坏，文物部门依法责成恢复文物原状，或者不可移动文物经严格审批后的迁移和落架大修等，则不属于重建范畴。

十八　什么是文物保护工程？

文物保护工程是指对文物保护单位和其他《文物保护法》规定的各类不可移动文物进行的保护工程，具体分为保养维护工程、抢险加固工程、修缮工程、保护性设施建设工程、迁移工程等。依据工程的性质，都需经严格报批后方可实施。

从事文物保护工程的单位必须具有与不可移动文物级别相对应的资质，其他单位不得从事此项专业工作。在行政审批上，应当根据文物保护单位的级别报相应的文物行政部门批准，如全国重点文物保护单位保护工程，由省、自治区、直辖市文物行政部门申报，国家文物局统一审批。对未核定为文物保护单位的不可移动文物进行修缮，应当报登记的县级人民政府文物行政部门批准。抢险加固工程中确因情况紧急需要即刻实施的，可在实施的同时补报。

文物保护工程的立项应本着对文物最低干预的原则，只有文物安全受到比较大的影响时才可开展，日常则应多开展预防性保护。在文物保护工程过程中，应严格遵守"不改变文物原状"等基本原则，目的是为了让文物延年益寿，而非返老还童。所谓打造文物、再创辉煌是违反《文物保护法》基本原则的。

十九 文物修缮、修复的经费应由谁出？

当不可移动文物需要修缮，可移动文物需要修复等必要保护措施时，经费的来源取决于文物的所有人和使用人。

《文物保护法》第二十一条规定："国有不可移动文物由使用人负责修缮、保养；非国有不可移动文物由所有人负责修缮、保养。非国有不可移动文物有损毁危险，所有人不具备修缮能力的，当地人民政府应当给予帮助；所有人具备修缮能力而拒不依法履行修缮义务的，县级以上人民政府可以给予抢救修缮，所需费用由所有人负担。"可移动文物修复也是秉承此原则。

国有文物修缮、修复的经费来源是根据文物级别相对应的地方财政支出，或使用方资金支出，如全国重点文物保护单位的修缮经费可向国家文物局申请。上级部门还可以资助下一级别的文物，如国家文物局可以拨款修缮省级、自治区、直辖市级文物保护单位，甚至重要的尚未核定公布为文物保护单位的不可移动文物。下级部门也可以主动出资修缮上一级的文物，如属地政府可以由财政支出给任何级别的文物保护单位，但修缮程序上必须向上级报批。

在现实中，也有非国有文物的所有人和使用人对文物保护的认识不足,甚至拒不履行文物保护义务,存在"国家不给钱,我也没钱修"的情况。对此,我们应加强三方面工作:1. 普及《文物保护法》,与国有文物的使用人、非国有文物的所有人签订保护责任书;2. 对拒不履行保护义务,应由司法介入,申请强制执行;3. 对确实没有能力履行保护义务的,可通过政府财政、慈善公益及引入社会力量参与等方面统筹解决。

二十　什么是考古发掘？

考古发掘是考古学研究的基础，是文物保护抢救的一种必要技术手段。《文物保护法》中规定的考古发掘范围是指我国境内地下、内水和领海中遗存的文物。一般在正式考古发掘前，还要进行考古调查和勘探，对遗存进行勘察和研究，以确定考古发掘计划。

基于文物保护，我国对考古发掘的管理采取的是严格的许可制，即一切考古发掘必须都要履行报批手续，要提交考古发掘计划。从事考古发掘的单位还要取得考古发掘资质证书。取得考古发掘资质证书应具备以下条件：（一）有4名以上接受过考古专业训练且主持过考古发掘项目的人员；（二）有取得文物博物专业技术职务的人员；（三）有从事文物安全保卫的专业人员；（四）有从事考古发掘所需的技术设备；（五）有保障文物安全的设施和场所；（六）法律、行政法规规定的其他条件。

考古发掘项目要实行项目负责人负责制度。无论是报批程序，还是考古发掘资质证书、负责人领队资格，都由国家文物局统一批准和管理。2016年01月22日发布的《国务院关于取消和调整一批行政审批项目等事项的决定》（国发〔2016〕5号）取消了考古发掘领队资格的职业资格许可和认定，但考古的专业性和许可制并未被动摇。

二十一 什么情况要开展考古发掘？

《文物保护法》中规定的考古发掘可以概括为两个方面：配合基本建设的考古发掘和为了科学研究进行的考古发掘。前者是考古日常工作中的常态，占据的量也最大。

新中国成立之初，我们就提出了既对基本建设有利，又对文物保护有利，重点保护、重点发掘的"两利两重"方针。明确了国家开展的基本建设要配合进行考古工作，尤其对于重点地区（文物密集区）要有重点发掘、重点保护，以此规范和调整基本建设。《文物保护法》第二十九条对此作出明确规定：

> 进行大型基本建设工程，建设单位应当事先报请省、自治区、直辖市人民政府文物行政部门组织从事考古发掘的单位在工程范围内有可能埋藏文物的地方进行考古调查、勘探。
>
> 考古调查、勘探中发现文物的，由省、自治区、直辖市人民政府文物行政部门根据文物保护的要求会同建设单位共同商定保护措施；遇有重要发现的，由省、自治区、直辖市人民政府文物行政部门及时报国务院文物行政部门处理。

随着国家建设的加快,考古工作从基本建设已经扩展到生产建设、农业生产等方方面面。党的十八大以来,党中央国务院从顶层设计层面明确提出"考古前置""保护前置"的要求。中共中央办公厅、国务院办公厅印发的《关于加强文物保护利用改革的若干意见》中强调:"完善基本建设考古制度,地方政府在土地储备时,对于可能存在文物遗存的土地,在依法完成考古调查、勘探、发掘前不得入库。"这也就是我们所说的"先考古,后出让"。

二十二 "先考古，后出让"是指所有土地出让前都要进行考古发掘吗？

考古前置是为了平衡保护与建设，做到两利，但并不意味着每一片土地出让前都要进行系统的考古发掘。《文物保护法》规定，决定是否要进行考古发掘前，先要进行考古调查、勘探，如发现重要文物埋藏区、有价值的古文化遗址、古墓葬或其他值得保护的文物等情况，才向国家文物局正式申请考古发掘。这其实贯彻的就是上文所说的"两重"原则。

考古发掘后，根据文物价值和保护需求，依法与建设部门研究具体保护措施。这些工作所需的经费都要列入建设工程预算。建设单位对配合建设工程进行的考古调查、勘探、发掘，应当予以协助，不得妨碍考古工作。

《文物保护法》同时也规定了抢救性发掘的特批程序："确因建设工期紧迫或者有自然破坏危险，对古文化遗址、古墓葬急需进行抢救发掘的，由省、自治区、直辖市人民政府文物行政部门组织发掘，并同时补办审批手续。"

二十三 什么是为了科学研究进行的考古发掘？

为科学研究进行的考古发掘，与配合基本建设的考古发掘在报批程序上是一样的，但立项时要充分考量文物保护与科研需求，二者必须是一致的。要严格管理审批，不宜过多过宽，以免造成对文物的不必要侵扰，还要考虑到对出土文物是否有足够的科技手段加以保护，严格遵守不主动发掘帝王陵寝这样大型文物的基本原则。

目前，一般比较常态地为科学研究进行的考古发掘都是围绕全国重点文物保护单位和其他文物保护单位的保护需求展开的。如文物保护单位地下有遗址的，在不影响文物本体安全的情况下，可以适当开展考古发掘，为今后的保护提供科学依据。或者文物保护单位本身就是遗址类，为建设国家考古遗址公园，可适当进行局部考古发掘，以做好遗址的保护研究和展示工作。总的来说，为科学研究进行的考古发掘本质上必须服从于文物保护。

二十四　文物保护领域还有哪些工作需要资质？

文物保护是专业性极强的工作，对文物的任何干预都需要严格依法审批，获得许可后，方可实施。进入程序的第一道环节就是资质认定。除了考古发掘资质外，对不可移动文物和可移动文物的保护工程、修复项目都需要相应等级的资质。任何没有取得资质的单位，都不得开展文物保护工作的具体工程和项目。

不可移动文物方面，资质的申请条件一般为：（一）有取得文物博物专业技术职务的人员；（二）有从事文物保护工程所需的技术设备；（三）法律、行政法规规定的其他条件。

对于可移动文物，也是要求从事馆藏文物修复、复制、拓印，应当向省、自治区、直辖市人民政府文物行政主管部门提出申请相应等级的资质证书。申请条件一般为：（一）有取得中级以上文物博物专业技术职务的人员；（二）有从事馆藏文物修复、复制、拓印所需的场所和技术设备；（三）法律、行政法规规定的其他条件。

文物保护是专业性极强的工作，除了资质认定外，各个环节的行政审批都要依靠专家论证，提供专业咨询意见。专家首先需要熟悉《文物保护法》，同时还要避免既当运动员（指从事文物保护工程）又当裁判员的专家审评。

二十五　什么是博物馆？

《文物保护法》涉及博物馆的相关规定大多在第四章"馆藏文物"中，并没有设立博物馆专章。这是因为，《文物保护法》主要针对的是文物，博物馆是收藏文物的机构，法律主要管的是文物，机构应服务于文物保护需要。

在《文物保护法》馆藏文物章中，涉及机构用的名词为"文物收藏单位"，这显然比博物馆的范围更广、适用性更强，完全是从文物保护出发。但博物馆又无疑是"文物收藏单位"中的最重要、最规范的机构，是文物保护日常工作中的重要组成部分。为依法管理，国家层面已先后出台了《博物馆管理办法》和《博物馆条例》。

在《博物馆条例》中，博物馆被定义为："是指以教育、研究和欣赏为目的，收藏、保护并向公众展示人类活动和自然环境的见证物，经登记管理机关依法登记的非营利组织。"

2022年8月24日，在捷克布拉格举行的国际博物馆协会第26届大会通过了新的博物馆定义：博物馆是为社会服务的非营利性常设机构，它研究、收藏、保护、阐释和展示物质与非物质遗产。向公众开放，具有可及性和包容性，博物馆促进多样性和可持续性。博物馆以符合道德且专业的方式进行运营和交流,并在社区的参与下,为教育、欣赏、深思和知识共享提供多种体验。

二十六 博物馆如何分类

博物馆分为国有博物馆和非国有博物馆。利用国有资产设立的博物馆为国有博物馆,利用非国有资产设立的博物馆为非国有博物馆。无论是国有博物馆,还是非国有博物馆,都由文物行政部门主管,其他相关部门在各自职责范围内负责博物馆管理工作。如民政部门负责非国有博物馆的登记注册,行业主管部门和企事业单位负责本系统行业博物馆的设立和管理。

在日常管理中,文物行政部门一般将博物馆划分为三个类,即文物行政部门管理的国有博物馆、非文物行政部门所属的行业性国有博物馆和民办博物馆。如果从博物馆内容的类型角度,可归纳为历史类、艺术类、科学与技术类、综合类四大类。

我国现代意义上的博物馆始于近代。但早在公元前5世纪,在今天的山东曲阜就建有孔子庙堂,可以说是名人故居纪念类博物馆的雏形。1905年,张謇创办了我国第一个公共博物馆——南通博物苑。1912年,国立历史博物馆在北京国子监旧址筹备。1925年,故宫博物院正式成立。中华人民共和国成立后,博物馆被全面纳入文物事业,并依法管理。截止到目前,全国登记注册的博物馆已达6183家。

二十七　如何设立博物馆？

国有博物馆、非国有博物馆都属于"非营利组织",但机构的性质却大不相同,设立程序也有着不同的要求。国有博物馆的设立依照"有关事业单位登记管理法律、行政法规的规定办理,并应当向馆址所在地省、自治区、直辖市人民政府文物主管部门备案"。

民办博物馆一般被定性为民办非企业单位。民办博物馆的设立应向馆址所在地的县级以上文物部门申请其作为业务主管单位,向省级文物行政部门备案,获得审查同意后,民政部门方可按民办非企业单位管理规定予以登记。申请设立必须具有以下条件:具有固定的一般面积不低于400平方米,具备向公众开放条件的办馆场所;具有与办馆宗旨相符合、构成体系的真实可靠且来源合法的藏品,藏品不应少于300件(套);具有基本陈列计划,展览内容应当科学准确;具有必要的办馆资金和稳定的经费来源;能保证民办博物馆年度正常运作的流动资金,最低限额为50万元人民币;具有专职管理人员和专业技术人员、健全组织机构等。

近些年伴随着博物馆热,社会上出现很多由收藏家个人或企事业单位开办的"博物馆",并未按照《博物馆条例》进行依法依规注册。这些"博物馆",虽以博物馆之名开展活动,却并不具备博物馆之实,也就成了文物的法外之地。对此,2020年国家文物局办公室、民政部办公厅专门印发《关于进一步规范非国有博物馆备案登记管理工作的意见》,明确管理职责,重申非国有博物馆名称应包含县级以上行政区划、字号、行(事)业或业务领域,不得冠以"中国""中华""全国"或"世界""国际"等字样,不得含有全国性社会组织或国际性组织等可能引起公众误解字样等具体要求。此外,文物行政部门也要会同相关市场管理部门,对这类"博物馆"开展检查,引导其依法依规注册,对不具备博物馆条件或违反文物保护相关法律法规的,要及时纠正和清理。

二十八　博物馆如何定级

凡是依法正式登记注册的博物馆,具有文物和标本的收藏保管、科学研究、陈列展览功能,向社会开放、正常运行三年以上的,均可申请参加博物馆评估。博物馆定级工作每三年开展一次。博物馆经定级评估,确定相应等级,依次为国家一级博物馆、国家二级博物馆、国家三级博物馆。一、二、三级博物馆占全国博物馆数量的比例分别控制在3%、6%、9%以内。

二十九　博物馆的文物来源

国有博物馆文物的来源主要为国家划拨、所在地区出土文物、向社会征集和接受捐赠等几个主要途径。同时《文物保护法》还规定："文物行政部门在审核拟拍卖的文物时，可以指定国有文物收藏单位优先购买其中的珍贵文物。""银行、冶炼厂、造纸厂以及废旧物资回收单位，应当与当地文物行政部门共同负责拣选掺杂在金银器和废旧物资中的文物。拣选文物除供银行研究所必需的历史货币可以由人民银行留用外，应当移交当地文物行政部门。移交拣选文物，应当给予合理补偿。"非国有博物馆的文物来源则必须有文物的合法来源说明，接受文物部门依法审查。

博物馆之间因举办展览、科学研究等需要，在保障文物安全的前提下，经文物部门审批、备案后，可以借用、交换文物。借用文物的最长期限不得超过三年。

国家文物局负责调拨全国的国有馆藏文物。省级、自治区、直辖市级文物行政部门在调拨本辖区内由其主管的博物馆国有馆藏文物时，若涉及国有馆藏一级文物，应报国家文物局备案。

三十　既是文物又是博物馆，该如何管理？

这种情况很普遍。因为在《文物保护法》中对于符合条件的国有不可移动文物建立博物馆是给予鼓励的。这类博物馆主要分为两种：一是依托建筑类不可移动文物，二是依托考古遗址类。但二者的核心目的都是以保护所依托的不可移动文物为前提，在展示不可移动文物的基础上开展博物馆工作。

仅以故宫为例，其首先是全国重点文物保护单位，然后才是故宫博物院。在管理上，博物馆应服从全国重点文物保护单位的要求。故宫博物院馆藏的大量可移动文物也有着自身的保护要求，这与故宫不可移动文物的价值是相统一的，博物馆在保护上要做好统筹服务。

三十一 什么是流散文物？

流散文物是专指可移动文物而言的，一般指流散在社会未被纳入国有馆藏的文物和尚未被发现和认定的文物。《文物保护法》第五章"民间收藏文物"的内容对应管理的就是这部分。

尚未被发现和认定是两个概念。除了埋藏在地下、水下未被发现的，还有《文物保护法》第五十九条所规定的"拣选文物"，这些文物一旦从银行、冶炼厂、造纸厂及废旧物资回收单位被发现，就必须依法进行鉴定认定，纳入国有文物馆藏中，避免国有资产流失。尚未被认定的大多指民间收藏中没有经过文物行政部门组织鉴定和认定的文物。此外，这里还包括《文物保护法》第七章第七十九条的依法没收文物："人民法院、人民检察院、公安机关、海关和工商行政管理部门依法没收的文物应当登记造册，妥善保管，结案后无偿移交文物行政部门，由文物行政部门指定的国有文物收藏单位收藏。"

对于境内地下、内水和领海中遗存的一切文物，拣选文物和依法没收的文物，不管是否被发现，其性质都是国有。任何人不得私藏或流通，发现后应第一时间向文物行政部门报告。

三十二 文物可以买卖吗？

首先文物不是商品。只有少部分文物是可以特许进入市场，属于限制流通的特殊商品。我国的文物流通实行的归口管理、许可经营的制度。一切国有文物（可移动文物、不可移动文物），原则上都是不允许买卖的。

《文物保护法》第五十一条规定：

公民、法人和其他组织不得买卖下列文物：

（一）国有文物，但是国家允许的除外；

（二）非国有馆藏珍贵文物；

（三）国有不可移动文物中的壁画、雕塑、建筑构件等，但是依法拆除的国有不可移动文物中的壁画、雕塑、建筑构件等不属于本法第二十条第四款规定的应由文物收藏单位收藏的除外；

（四）来源不符合本法第五十条规定的文物。

文物收藏单位以外的公民、法人和其他组织收藏的前款文物可以依法流通。

《文物保护法》还规定，国有不可移动文物不得进行转让、抵押，不得作为企业资产经营。对于非国有不可移动文物，《文物保护法》也规定，不得转让、抵押给外国人。非国有不可移动文物转让、抵押或者改变用途的，应当根据其级别报相应的文物行政部门备案。

即使是依法迁移或拆除的国有不可移动文物，"具有收藏价值的壁画、雕塑、建筑构件等，由文物行政部门指定的文物收藏单位收藏"。

可移动文物可以流通的方式主要有：依法继承或者接受赠与；公民个人合法所有的文物相互交换或者依法转让；从文物商店和经营文物拍卖的拍卖企业购买购买，其中若有珍贵文物，国家有优先购买权。

总的来说，文物的流通是被有限度的允许的，目的是为构建合法的文物市场。事关国家文化安全，必须要加强管理，不能让国家珍贵的文物通过市场机制外流。过度强调文物的经济属性，会让很多犯罪分子铤而走险，对文物保护造成很大冲击。因此，像埃及等国虽然也实行市场经济，却全面禁止文物买卖行为。

三十三　如何管理文物商店和文物拍卖企业？

《文物保护法》规定，文物商店与经营文物拍卖的拍卖企业是从事可流通文物经营的两大主体，其他单位或者个人不得从事文物的商业经营活动。

在管理上，因二者对文物的经营方式不同，故不允许混业经营，《文物保护法》明确规定："文物商店不得从事文物拍卖经营活动，不得设立经营文物拍卖的拍卖企业。"文物商店和经营文物拍卖的拍卖企业都必须由省、自治区、直辖市人民政府文物行政主管部门批准设立，同时还强调文物在销售或拍卖前必须经文物行政部门审核，经营行为都必须作出完整记录，包括文物的名称、图录、来源、文物的出卖人、委托人和买受人的姓名或者名称、住所、有效身份证件号码或者有效证照号码以及成交价格等，报文物行政部门备案。文物行政部门应当依法为其保密，该记录保存期为 75 年。

2020 年，国家文物局印发了《文物拍卖管理办法》《文物拍卖标的审核办法》，明确规定对以下列物品为标的的拍卖活动进行管理：1949 年以前的各类艺术品、工艺美术品；文献资料以及具有历史、艺术、科学价值的手稿和图书资料；与各民族社会制度、社会生产、社会生活有关的代表性实物；

1949年以后与重大事件或著名人物有关的代表性实物；反映各民族生产活动、生活习俗、文化艺术和宗教信仰的代表性实物；列入限制出境范围的1949年以后已故书画家、工艺美术家作品；法律法规规定的其他物品。同时也明确了不得作为拍卖标的文物：依照法律应当上交国家的出土（水）文物，以出土（水）文物名义进行宣传的标的；被盗窃、盗掘、走私的文物或者明确属于历史上被非法掠夺的中国文物；公安、海关、工商等执法部门和人民法院、人民检察院依法没收、追缴的文物，以及银行、冶炼厂、造纸厂及废旧物资回收单位拣选的文物；国有文物收藏单位及其他国家机关、部队和国有企业、事业单位等收藏、保管的文物，以及非国有博物馆馆藏文物；国有文物商店收存的珍贵文物；国有不可移动文物及其构件；涉嫌损害国家利益或者有可能产生不良社会影响的标的；其他法律法规规定不得流通的文物。

《文物保护法》还规定，文物行政部门的工作人员、文物收藏单位都不得参与文物商店和经营文物拍卖的拍卖企业。不允许设立中外合资、中外合作、外商独资的文物商店或者经营文物拍卖的拍卖企业。

长期以来，国有文物商店还征集了大量民间传世文物，为丰富国有馆藏起到很大作用。截至2021年12月31日，国内（不含港澳台）现有公布的文物商店、文物拍卖企业共946家。

三十四 古玩、旧物市场属于文物商店吗？

目前，各大城市出现的古玩城、古董店、艺术品市场、收藏市场、旧货市场等大部分都不具备文物商店资格，若出现未取得文物经营许可而夹带文物经营，则属于违法违规活动。为此，依据《文物保护法》，国家文物局、公安部、海关总署、国家工商总局联合印发了《关于加强文物市场管理的通知》。要求开展对古玩旧货市场中有关商户的文物经营资质审批工作。建立古玩旧货市场中文物经营活动日常监管制度。加强对古玩旧货市场中文物经营活动的引导。建立多部门联合执法机制。加强人员培训和法律宣传。

任何公民在这些市场中一旦发现有违规销售文物的情况，都应及时向文物、公安或市场监管部门举报。

三十五　文物可以出入境吗？

《文物保护法》第六章为"文物出境进境",第六十条规定:

> 国有文物、非国有文物中的珍贵文物和国家规定禁止出境的其他文物,不得出境;但是依照本法规定出境展览或者因特殊需要经国务院批准出境的除外。

珍贵文物系可移动文物中的一级文物、二级文物、三级文物。

所有文物又分为禁止出境和限制出境文物两类。按照文化部(现文化和旅游部)制定的《文物进出境审核管理办法》和国家文物局印发的《文物出境审核标准》,凡在1949年以前(含1949年)生产、制作的具有一定历史、艺术、科学价值的文物,原则上禁止出境。其中,1911年以前(含1911年)生产、制作的文物一律禁止出境。少数民族文物以1966年为主要标准线。凡在1966年以前(含1966年)生产、制作的有代表性的少数民族文物禁止出境。

限制出境的审核范围包括:1949年(含)以前的各类艺术品、工艺美术品;1949年(含)以前的手稿、文献资料和图书资料;1949年(含)以前的与各民族社会制度、社会生产、社会生活有关的实物;1949年以后的与重大事件或著名人物有关的代表性实物；1949年以后的反映各民族生产活动、生活习俗、文化艺术和宗教信仰的代表性实物；国家文物局公布限制出境的已故现代著名书画家、工艺美术家作品；古猿化石、古人类化石，以及与人类活动有关的第四纪古脊椎动物化石。

《文物保护法》规定："文物出境，应当经国务院文物行政部门指定的文物进出境审核机构审核。经审核允许出境的文物，由国务院文物行政部门发给文物出境许可证，从国务院文物行政部门指定的口岸出境。"

三十六　什么是火漆印？

火漆印是我国文物允许出境的专用标志。由国家文物局统一制作、颁发。由海关负责监管。

A字头为文物经营单位（文物商店）允许外销的文物，B字头为私人携带传世文物中允许出境的，C字头为暂时入境文物复运出境。

从文物出入境的性质划分，主要有三个类型：永久性或转让性出境（有合法来源证明，即从文物商店购买或从拍卖所得的文物，通过合法途径获得的属于私人所有并经许可携运出境的文物），暂时性或短期性出境（经国家文物行政部门批准在一定时期内暂时出境，期限届满后，再运回境内，一般是出国展览）和过往性出境（境外文物被合法携运到中国境内，期限届满后，再运出境外。一般是引进合作展览或满足科研等需求）。

三十七 文物违法行为及法律责任有哪些？

《文物保护法》第七章为"法律责任"。违反《文物保护法》的行为，依据行为人违反法律规定的性质不同，在追究法律责任方面主要分为刑事法律责任、行政法律责任和民事法律责任三种。

文物刑事法律责任是指违反有关文物保护的刑法规范所应该承担的法律责任。《中华人民共和国刑法》中设有专节"妨害文物管理罪"与《文物保护法》相衔接。其中主要包括：故意损毁文物罪、故意损毁名胜古迹罪、过失损毁文物罪、非法向外国人出售、赠送珍贵文物罪、倒卖文物罪、非法出售、私赠文物藏品罪、盗掘古文化遗址、古墓葬罪、盗掘古人类化石、古脊椎动物化石罪、抢夺、窃取国有档案罪、擅自出卖、转让国有档案罪。

文物行政法律责任是指违反有关行政管理的法律规定，依法由行政机关裁定违法行为人应承担的法律责任，其处罚形式主要为行政处罚。同时还包括国家工作人员因违反《文物保护法》相关规定而要承担的法律责任，处罚形式为行政处罚和行政处分。这类行为包括：在文物保护单位的建设控制地带内进行建设工程，其工程设计方案未经文物行政部门同意、报城乡建设规划部门批准，对文物保护单位的历史风貌造成破坏的，但情节尚不构成犯罪的；擅自改变国有文物保护单位的用途等等。

相对于刑事法律责任由司法机关裁定执行，行政法律责任由行政机关裁定执行，民事法律责任在文物保护领域的应用还需进一步加强。《文物保护法》第六十五条规定："违反本法规定，造成文物灭失、损毁的，依法承担民事责任。"需要指出的是，根据违法行为的性质，在追究民事责任的同时，还可一并追究行政责任，甚至刑事责任。《民法典》的颁布实施，为此提供了具体指导，应加大研究和执行力度。

所以，文物部门在日常工作中，对待文物违法犯罪时首先要确定违法性质，才能依法追究相应责任，要避免违法不纠、以罚代管和追究不到位等情况的发生。

三十八　如何有效地开展文物执法？

长期以来保护文物成本高、破坏文物成本低的问题,一直困扰着基层文物部门。如果对文物违法行为不能进行及时有效的纠正和依法惩处,那么《文物保护法》的权威性就会大打折扣。推进《文物保护法》的执行,公检法机关及文物保护事业所涉及的其他相关具有执法权部门的作用,显得不可或缺。

《文物保护法》设有"法律责任"专章。执法机关除了文物行政部门外,还明确了:"公安机关、工商行政管理部门、海关、城乡建设规划部门和其他有关国家机关,应当依法认真履行所承担的保护文物的职责,维护文物管理秩序。"

近些年来,公安部门持续加大对文物犯罪的侦办和打击力度,与文物部门建立常态合作机制。公安部会同国家文物局于 2020 年 8 月部署开展新一轮全国打击防范文物犯罪专项行动,截至目前,公安机关已破获各类文物犯罪案件 3950 余起,追缴各类文物 8.28 万件,其中国家珍贵文物 6477 件。最高人民法院与国家文物局签订了《关于加强司法文物保护利用、强化文物司法保护合作框架协议》等一系列举措。据统计,2017 年至 2021 年,全国法院一审新收各类妨害文物管理刑事案件共计 3058 件,其中盗掘古文化遗址、古墓葬刑事案件占比超过 80%。

2022 年 9 月 5 日,最高人民法院、最高人民检察院、公安部、国家文物局联合制定的《关于办理妨害文物管理等刑事案件若干问题的意见》正式发布,提出进一步明确对相关妨害文物管理行为的认定、进一步规范涉案文物认定和鉴定评估程序、进一步明确文物犯罪案件的管辖、进一步贯彻宽严相济刑事政策等工作要求。

此外,面对法人违法,尚不构成犯罪的,还需要纪检和组织部门的介入,给予公职人员相应的处分。

三十九　什么是文物的公益诉讼？

检察机关利用公益诉讼助力文物保护，对于推动文物执法起到了十分显著的作用。2021年，《中共中央关于加强新时代检察机关法律监督工作的意见》中首次提出，将"文物和文化遗产保护等领域公益损害案件"纳入公益诉讼检察中。同时也提出"总结实践经验，完善相关立法。"目前正在修订的《文物保护法》也正在研究如何将公益诉讼纳入。

一般的诉讼，主体都需为直接利害关系人，诉讼是为了通过法律维护自身的权益，因此被理解为"私益诉讼"。而文物保护，尤其对国有文物的保护，直接利害关系人是谁？文物部门作为文物的管理方，虽然具备诉讼主体资格，但当面临的是法人违法或部门利益纠葛时，往往会受到比较大的制约，无法发挥应有作用。由检察机关来行使公益诉讼，通过诉讼来督促行政部门、单位和个人履行法定的文物保护责任和义务，保障文物保护的公共利益不受到侵犯，则可弥补这一缺环。进一步讲，文物保护是公共利益，不应被定为私益，诉讼主体资格的认定是否也应该放宽，如何放宽，这也是法律层面值得深入研究的问题。

四十 如何理解加强管理在文物工作中的重要性?

近日,位于福建省宁德市屏南县的全国重点文物保护单位万安桥被烧毁。去年,云南省沧源佤族自治县翁丁村老寨发生严重火灾。这样惨痛的教训,每年都在不断上演,不断对文物保护管理敲响警钟。

制度建设要靠法治。正确的理念和认识是指导,科学有效的管理则是抓手。实践反复证明,尚未建立起服务于文物保护的科学管理体系前就去大搞"利用",本末倒置的放任,无异于"玩火"!在文物保护利用改革工作的大格局中,切实提高文物工作的依法管理水平,才是推动"在保护中发展,在发展中保护"、让文物"活起来"的硬道理。要时时警惕以利用替代保护、以搞活冲击管理底线的种种不良倾向,做到防微杜渐。

2022年7月22日,全国文物工作会议在北京召开。会议提出了,坚持"保护第一、加强管理、挖掘价值、有效利用、让文物活起来"的新时代文物工作方针。这是对现行《文物保护法》十六字方针在新时代的全面诠释和提升,将"加强管理"置于更重要的位置。

2022年8月18日,中共中央宣传部、文化和旅游部、国家文物局印发了《关于贯彻落实全国文物工作会议精神的通知》，要求全面加强文物保护管理工作，"要强化文化遗产系统保护，统筹好抢救性保护和预防性保护、本体保护和周边保护、单点保护和集群保护，维护文物资源的历史真实性、风貌完整性、文化延续性。重点加强长城、大运河、长征、黄河、长江，以及古建筑、古遗址、石窟寺、革命文物等的保护工作。切实加强市县级文物保护单位和尚未核定为文物保护单位的不可移动文物的保护管理，建立必要的工作机制，提高可移动文物保护修复水平。着力加强历史文化名城、历史文化名镇名村、历史文化街区、传统村落的整体保护，坚决杜绝大拆大建、拆真建假，积极采用微改造'绣花'功夫，注重文明传承、文化延续，让城市留下记忆，让人们记住乡愁。推动在城市更新前对老建筑进行普查甄别，及时开展保护对象认定公布工作。严格落实'先考古，后出让'的考古前置机制，在城乡建设中加强重要古代遗址的原址保护。注重加强文物领域法治建设，健全文物保护法律法规体系，实施好新修订的《水下文物保护管理条例》，鼓励制定文物保护地方性法规；完善文物资源管理和普查登录等制度，建设国家文物资源大数据库，建好管好革命文物保护利用片区，提升世界遗产保护管理水平。坚决纠正过度开发利用文物的行为，国有不可移动文物不得转让、抵押，不得作为企业资产经营。依法严格把握文物流通市场准入条件，规范民间收藏文物行为和文物鉴定,确保文物市场健康有序发展。"这些既是为今后文物保护管理工作提出的具体要求,也是文物保护事业的蓝图。

　　文物保护的管理能力决定着文物事业的管理水平。新时代对文物工作提出了更高的新要求,这些都要通过文物管理来实现。

# 四、热点辨析篇

一　如何理解文物保护与利用的关系？

坚持文物工作的十六字方针，首先要建立在对方针的整体性把握和全面贯彻的基础上，尤其是如何认识保护与利用的关系。真正的保护本身就包含利用，真正的利用必须以保护为前提，此二者绝非矛盾对立的。对待这个问题，谢辰生先生多次论及："利用是指在充分肯定文物所拥有的科学、艺术、历史价值基础上，发挥其文化教育作用、借鉴作用和研究作用。作为限制词，不能以追求经济效益为目的，任何形式的利用，都必须以有效保护为前提和基础。"这一点，早在1987年的《国务院关于进一步加强文物工作的通知》中就有明确阐述："加强文物保护，是文物工作的基础，是发挥文物作用的前提。"

只有把文物保护好，才能有利用，皮之不存，毛将焉附？二者是俱荣俱损的关系。只有服务于保护的利用才是合理利用，鼓励利用的方式是依法有效地规范利用。所谓利用是最好的保护，是本末倒置。统筹保护与利用要通过加强管理来实现。把保护放在第一位已经成为国家文物保护的底线和红线，文物保护利用并非是保护与利用并重。

让文物"活起来"，首先是全面正确认识文物的价值。谢辰生先生在首版《中国大百科全书·文物卷》前言中写道："文物的价值是通过科学研究来认识的，发挥文物作用的一个重要方面是通过教育手段。"这是对中共中央办公厅、国务院办公厅印发的《关于加强文物保护利用改革的若干意见》中提出的"构建中华文明标识体系""创新文物价值传播推广体系"等任务的最好支撑和解读。要以"加强文物价值的挖掘阐释和传播利用"为基础，将文物保护贯穿国民教育始终，使文物发挥应有的作用，拓展利用的方式方法。

一言以蔽之，保护是主线，保护与利用是关系，"活起来"是要求。文物工作只有围绕好主线、处理好关系，才能落实好要求，找准文物事业改革发展的目标和方向。

二 如何理解文物保护与旅游的关系？

2020年5月，习近平总书记在山西云冈石窟考察时强调，历史文化遗产是不可再生、不可替代的宝贵资源，要始终把保护放在第一位。发展旅游要以保护为前提，不能过度商业化，让旅游成为人们感悟中华文化、增强文化自信的过程。

文物是不可再生资源，旅游是服务行业，只能为资源服务，而不能掌握资源、破坏资源。改革开放后，旅游逐渐被纳入国民社会经济发展中，这就离不开文物的内容支撑。如何处理好文物保护与旅游发展的关系，需做好顶层设计，国务院于1986年专门成立旅游协调小组，确立了旅游为文物保护服务的基本原则。

然而，旅游活动侵害文物安全，将文物保护单位划归旅游企业管理等错误现象仍不断出现。为此，2012年《国务院关于进一步做好旅游等开发建设活动中文物保护工作的意见》再次重申："国有不可移动文物不得转让、抵押，不得作为企业资产经营。文物古迹和历史建筑应当尽可能实施原址保护，不得擅自拆除、迁移。对于历史文化街区、村镇，要逐步改善基础设施、公共服务设施和居住环境，不得擅自拆除。国有不可移动文物已经全部毁坏的，不得擅自在原址重建、复建。辟为参观游览场所的国有文物保护单位，所在地人民政府应当依法设立专门机构负责管理，不得将文物保护单位管理机构作为企业的下属机构或交由企业管理。国有其他文物也要按照文物保护法律法规严格管理，不得赠与、出租或者出售给其他单位、个人，也不得抵押或作为企业资产经营"等《文物保护法》的基本原则。近日，中共中央宣传部、文化和旅游部、国家文物局印发《关于贯彻落实全国文物工作会议精神的通知》又一次明确此原则底线。

在旅游开发中，但凡涉及文物都要严格遵守保护的底线。所谓文化搭台、经济唱戏和开发文物的思维，都是不符合《文物保护法》的。

三 成龙的做法值得提倡吗？

多年前，成龙将自己在拆迁中收购抢救下来的古建筑捐赠给新加坡异地重建。后来，这些古建又被成龙运回国内。此做法在社会上引起很大争议。那么，这是否符合我们的文物保护原则呢？

首先成龙收购的古建筑，在拆迁时，尚没有被认定为文物，而成龙的行为从主观上也是为了抢救。然而，没有被认定为文物，不代表其不具备文物价值。20世纪90年代以来，在城市化大潮中，文物保护受到了巨大冲击。为片面的经济利益，很多地方出现了大拆大建潮、拆真盖假风、盗墓猖獗流，导致大量不可移动文物灰飞烟灭、支离破碎、流离失所。这是特定历史时期，我们认识和执行《文物保护法》不到位对文物造成了不同程度的伤害。绝不能以此为由，动摇不可移动文物要"原址保护""不改变文物原状"的基本原则。

国家文物局印发的《文物出境审核标准》中明确规定："建筑物装修、构件包括园林建筑构件1911年以前的禁止出境，具有重要历史、艺术、科学价值的1949年以前的禁止出境。"橘生淮南则为橘，生于淮北则为枳。不可移动文物，就如同城市的山形水系一样，是不容被移动的。将不可移动文物可移动化，当然是不值得提倡的。

四 购买圆明园十二生肖铜首值得提倡吗？

近些年媒体普遍关注的圆明园十二生肖兽首，系圆明园海晏堂外喷泉出水处的装饰，英法联军火烧圆明园，兽首铜像与其他珍贵文物一起被西方列强掠夺瓜分，长期流失海外。2000年，中国保利集团公司以高价购回牛首、猴首和虎首铜像。2003年，澳门企业家何鸿燊购回猪首铜像。2007年，何鸿燊再次购得马首铜像。2013年，法国的皮诺家族决定将鼠首和兔首无偿送交中国。

首先必须明确，从近代到中华人民共和国成立这段时期内，凡是通过侵略对我国文物进行的掠夺，无论在道义上，还是法理上，我们都拥有文物的主权。我国已加入《关于禁止和防止非法进出口文化财产和非法转让其所有权的方法的公约》《国际统一私法协会关于被盗或者非法出口文物的公约》《武装冲突情况下保护文化财产议定书》等国际公约，陆续依法索回了一大批通过非法盗掘、倒卖、走私到国外的珍贵文物。

然而，对于历史上被掠夺的珍贵文物，西方各国一直讳莫如深，但我们主张文物主权的决心和努力从未动摇。随着我国国力的显著提升，我们文物追索的成功率也会越来越高，像法国的皮诺家族将鼠首和兔首无偿交还的案例越来越多。所以,我们不提倡国人购买被非法掠夺的文物。这样的文物"回流",只能更加炒高价格,对我们也是二次伤害。

开展文物追索,要如谢辰生先生所说的那样:"文物可以共享,不能共有。"

五 文物"认领""认养"值得提倡吗？

所谓文物的"认领""认养",一般是指鼓励社会力量出资修缮和使用破坏严重或长期无人看管的国有低级别不可移动文物,通过与属地政府或文物行政部门签订协议,获得该文物建筑一定时限的管理使用权。有的地方将不可移动文物异地重建也称之为"认领""认养",此类问题上文已有解读,不再赘述。

首先,这种做法目前尚缺乏严格的法律依据。《文物保护法》规定:"国有不可移动文物不得转让、抵押。建立博物馆、保管所或者辟为参观游览场所的国有文物保护单位,不得作为企业资产经营。"所有权不得变更和不得作为企业资产经营的底线是不能触碰的！2016年,《国务院关于进一步加强文物工作的指导意见》提出:"对社会力量自愿投入资金保护修缮市县级文物保护单位和尚未核定公布为文物保护单位的不可移动文物的,可依法依规在不改变所有权的前提下,给予一定期限的使用权。"近期,国家文物局还配套出台《关于鼓励和支持社会力量参与文物建筑保护利用的意见》,鼓励社会力量通过社会公益基金、全额出资、与政府合作等方式参与文物保护利用。

从法律层面，我们应该更加强调："一切机关、组织和个人都有依法保护文物的义务。"保护文物属于公益事业、慈善行为，不宜过度强调利益。社会力量参与不能替代政府的主导责任，对于参与文物保护的企业和个人，我们可以探索在政策上给予包括抵税、奖励等优惠。国家还可以考虑建立文物保护福利彩票等方式。《文物保护法》对积极参与文物保护的个人和单位，也规定可由国家给予精神鼓励或者物质奖励。

社会力量参与文物保护的方式多种多样，不应仅局限在利益层面，用"认领""认养"来代称社会力量参与文物保护显然是不妥的。而且"认领""认养"相对应的是遗失物品、孤儿，用词上也存在一定导向问题。

六 建立健全国有文物资源资产管理体系是要将文物资产化吗？

2018年，中共中央办公厅 国务院办公厅在印发《关于加强文物保护利用改革的若干意见》中提出："建立文物资源资产管理机制。健全国有文物资源资产管理体系，制定国有文物资源资产管理办法，建立文物资源资产动态管理机制。"

然而，"建立文物资源资产管理机制"绝非"文物全面资产化"，二者不可简单地画等号。"文物是不可再生的文化资源"是业内共识，更是《文物保护法》的条文。文物"资源"的表述，也同样贯穿于《关于加强文物保护利用改革的若干意见》始终。建立文物资源资产管理体系是为了提升文物管理水平，加强文物保护力度的一项重大改革。

既然法律与改革没有矛盾，文物的资源属性没有变，那么引入国有资产的管理经验就应是有选择和限度的，文物资源不会、亦不可能全面资产化。文物资产用于经营的是服务、文创等衍生品，而绝非文物本体。在这方面，国有自然资源管理领域正在进行的改革，《中共中央关于建立国务院向全国人大常委会报告国有资产管理情况制度的意见》（2017年12月30日）中提出的国有自然资源报告的重点为："自然资源总量,优化国土空间开发格局、改善生态环境质量、推进生态文明建设等相关重大制度建设,自然资源保护与利用等情况。"这里并未动摇自然的资源属性,更未涉及全面资产化和经营等问题。

因此,文物管理不能简单地照搬资产化的方式。在研究分析问题时,既要借鉴彼此的经验,更要尊重彼此的不同,选择符合自身发展规律的方式开展工作。经济学的资产也好,财务会计学的资产也罢,都无法改变文物资源的不可再生属性,管理上也就不能完全适用于市场机制。要根据文物自身的属性特点和文物工作的基本方针、规律及经验,有的放矢地研究制定一套管理办法,要量体裁衣,不能削足适履。为此,财政部、国家文物局印发《国有文物资源资产管理暂行办法》,明确了:"文物资源资产管理遵循保护为主、全面登记、合理利用、动态监控、分类施策、分级管理的原则。"这也将成为新时代文物管理工作的一种新方式,在具体实施时还要继续摸索,并不断加以完善。

七 文物可以撤销吗？

现行的《文物保护法》中并没有针对不可移动文物撤销的规定条款。实际工作中，每次全国文物普查，都会发现一批已消亡文物，在公布新数据时会予以撤销文物身份。

对于不可移动文物的撤销，2017年，国家文物局《关于加强尚未核定公布为文物保护单位的不可移动文物保护工作的通知》提出："因自然灾害、城乡建设等原因造成尚未核定公布为文物保护单位的不可移动文物本体不存或损毁殆尽无法修复、经文物审查委员会核查确已不具有文物价值的，可提出拟撤销登记文物意见，由登记公布该文物的文物行政部门向社会公示；公示无异议的，可予以撤销并向社会公布，同时报上级文物行政部门备案。撤销登记应当记入文物资料档案。撤销登记的国有不可移动文物中具有收藏价值的壁画、雕塑、建筑构件等，由文物行政部门指定的国有文物收藏单位收藏。"

撤销文物必须先审查、再评估，建立责任追究机制，加以保障。也就是说，先要明确导致文物消亡的原因，是人为违法，还是不可抗力造成。如果是前者，则必须先追责，再撤销文物。同时《文物保护法》也有规定："不可移动文物已经全部毁坏的，应当实施遗址保护。"因此，撤销不可移动文物的审查和评估十分重要，是撤销，还是实施遗址保护，都需要谨慎论证。同时要警惕，有些地方为了拆迁而撤销文物的所谓程序合法，而实为建设性破坏。

因此，《文物保护法》修订应建立审查追责评估机制，明确权限，实施提级管理。

八 为何文物管理不能过度简政放权？

文物是不可再生的文化资源，不属于市场经济领域，不宜过度简政放权。文物保护管理工作宜从严、不能放宽，否则一失万无。近几年，在《文物保护法》修订过程中，经常出现一种声音，主张将文物的管理权下移，不再实施提级管理，尤其是将数量最大、保护压力最大的尚未核定公布为文物保护单位的不可移动文物的"生杀大权"下放到县级。这是极不妥当的，更不符合国家对文物保护的大政方针。

2012年全国人大常委会对《文物保护法》开展首次执法检查，检查组在实施情况的报告中指出：有的地方政府和企业法人"对文物保护的认识有待进一步提高，文物安全形势依然严峻"，"据第三次全国文物普查统计，近30年来消失的4万多处不可移动文物中，有一半以上毁于各类建设活动"，"全国县级及县级以上政府设立专门文物行政部门的仅有四分之一左右，县（市）一级大量文物行政管理职能由文管所、博物馆等事业单位代行，全国文物行政管理人员平均每县不足3人。"

根据国家文物局督察司提供的数据，仅2015年，接报各级文物行政部门、文物执法机构立案查处文物行政违法案件

142起。其中,查处全国重点文物保护单位发生文物行政违法案件47起,而法人违法案件32起,占68%。

2021年8月18日、19日,第十三届全国人民代表大会常务委员会第三十次会议分别听取和审议国务院关于文物工作和文物保护法实施情况的报告。文化和旅游部副部长、国家文物局局长李群受国务院委托做报告时,再次明确指出:"文物安全形势依然严峻,法人违法、盗窃盗掘、火灾事故时有发生。一些地方未能正确处理文物保护与城乡建设、发展旅游的关系,文物保护主体责任落实不到位,文物大拆大建、违法建设、隐瞒不报、过度开发等问题突出。"

由上可见,法人违法依旧是当下最主要的矛盾之一,加之基层文物行政管理机构严重不健全,贸然下放权限,岂不是降低了破坏文物的犯罪成本?惨痛的教训有很多。因此,文物保护的权限每放一分都应慎之又慎。

九　文物可以被山寨吗?

近些年来,靠山寨文物张冠李戴来"蹭热度"之风在很多地方屡禁不止。放眼望去,各大商业地产项目和旅游景区中,一座座被拆真建假的古城镇,长城、兵马俑、阿房宫,乃至埃及的狮身人面像,都曾堂而皇之地出现,岂非咄咄怪事!

针对此类问题,国家层面不断强化政策导向和管理措施,对典型案例进行查处。2021年,文化和旅游部办公厅、国家文物局办公室联合印发《关于坚决遏制滥建山寨文物之风的通知》;住建部与国家发改委联合下发《关于进一步加强城市与建筑风貌管理的通知》等。

真实性和完整性是文物保护的基本原则,《文物保护法》中关于实施原址保护和遵守不改变文物原状的规定,是对其最好的法律诠释。在核定第八批全国重点文物保护单位的国务院常务会上,李克强总理要求,文物保护首先要把基本原则落实到位,要坚持价值优先、质量第一,保证真实性、完整性,健全法规制度。总理还说:"一定不能把那些根据传说、后人现造的项目纳入文物保护单位。""遗址要遵循文物保护原则,原则上能不动就不动,拆了再建就不是文物了。"

以此观之,像南昌以"北有八达岭、南有怪石岭"为噱头仿造长城，安庆太湖县五千年文博园居然出现水泥制成的"兵马俑"，天津南运河畔建起没有遗址的"天子津渡遗址公园"、李纯祠堂被打造成"庄王府"、拆后异地仿建的李叔同故居纪念馆一度又挂回"李叔同故居"的文物标志牌……再如很多地方肆意破坏文物周边历史环境拆真建假，有些地方甚至随意将国外的文物景观也拿来仿造。如此种种的怪现象，不仅混淆视听，有的甚至已违反《中华人民共和国文物保护法》，文物的真实性岂能被山寨！

对此，可移动文物也一样。国家文物局制定有《文物复制拓印管理办法》，采取严控原则，未经允许，不得复制。"复制、拓印文物，不得对文物造成损害。"

十 鉴宝节目与文物鉴定是一回事吗？

近些年，很多电视台都推出了所谓鉴宝节目，请专家对民间收藏品进行"鉴定"，评估市场价格。这类事已出现不少纠纷，甚至已有司法程序介入。大部分观众都认为，电视台和所谓文物专家给出的"鉴定"无疑是具有权威性的。

在此，必须提醒大家，文物不是商品，过度强调文物的经济属性，会造成对文物价值认识的偏差，进而冲击国家文物保护的底线。无论是电视台，还是节目中请的所谓专家，都不具备文物鉴定资格和权威性。即使是冠以某某博物馆专家的名义，其所出具的所谓鉴定结果和估价也仅代表个人观点。

国家开展文物鉴定的程序必须是由文物行政部门委托国家文物鉴定委员会这样的专业机构，根据文物的类型选取具有相关从业经验、研究成果，且与文物不存在利益关系的专家，采取集体鉴定，出具意见，被审核无误后，才能生效。民间收藏者有鉴定需求，可以咨询所在的省级文物行政部门。

十一 《文物保护法》管得了工业遗产、传统村落等新型遗产吗？

随着我国不断加强文化遗产保护的力度和措施，很多从国际引入的新概念和根据我国实际情况创新提出的如工业遗产、20世纪遗产等，农业遗产、传统村落等，都开始纳入大众视野，也陆续开展了认定和保护工作。

然而，这些文化遗产类型在保护管理上都面临着不同程度的无法可依问题。在实践工作中，其保护主体大部分都是物质文化遗产（文物），而《文物保护法》中对不可移动文物的分类几乎又可涵盖以上文化遗产类型的核心价值，如"与重大历史事件、革命运动或者著名人物有关的以及具有重要纪念意义、教育意义或者史料价值的近代现代重要史迹、实物、代表性建筑"就完全可以包括工业遗产和20世纪遗产。以往认定的文物保护单位名录中也包含中大量此类文化遗产类型。

中国特色的文物保护法律体系要不断完善，国际概念要与《文物保护法》相结合，完成本土化，在《文物保护法》修订过程中，可考虑将这些文化遗产类型纳入。即使这些文化遗产类型同时又与非物质文化遗产有交叉，也可参照历史文化名城制度的经验，可在《文物保护法》的框架下，根据其自身类型的价值和特点制定相应的保护办法。

五、附录

中华人民共和国文物保护法（2017 年修正本）

（1982 年 11 月 19 日第五届全国人民代表大会常务委员会第二十五次会议通过 根据 1991 年 6 月 29 日第七届全国人民代表大会常务委员会第二十次会议《关于修改〈中华人民共和国文物保护法〉第三十条、第三十一条的决定》第一次修正 2002 年 10 月 28 日第九届全国人民代表大会常务委员会第三十次会议修订 根据 2007 年 12 月 29 日第十届全国人民代表大会常务委员会第三十一次会议《关于修改〈中华人民共和国文物保护法〉的决定》第二次修正 根据 2013 年 6 月 29 日第十二届全国人民代表大会常务委员会第三次会议《关于修改〈中华人民共和国文物保护法〉等十二部法律的决定》第三次修正 根据 2015 年 4 月 24 日第十二届全国人民代表大会常务委员会第十四次会议《关于修改〈中华人民共和国文物保护法〉的决定》第四次修正 根据 2017 年 11 月 4 日第十二届全国人民代表大会常务委员会第三十次会议《关于修改〈中华人民共和国会计法〉等十一部法律的决定》第五次修正）

目录

第一章　总则

第二章　不可移动文物

第三章　考古发掘

第四章　馆藏文物

第五章　民间收藏文物

第六章　文物出境进境

第七章　法律责任

第八章　附则

第一章　总则

第一条　为了加强对文物的保护，继承中华民族优秀的历史文化遗产，促进科学研究工作，进行爱国主义和革命传统教育，建设社会主义精神文明和物质文明，根据宪法，制定本法。

第二条　在中华人民共和国境内，下列文物受国家保护：

（一）具有历史、艺术、科学价值的古文化遗址、古墓葬、古建筑、石窟寺和石刻、壁画；

（二）与重大历史事件、革命运动或者著名人物有关的以及具有重要纪念意义、教育意义或者史料价值的近代现代重要史迹、实物、代表性建筑；

（三）历史上各时代珍贵的艺术品、工艺美术品；

（四）历史上各时代重要的文献资料以及具有历史、艺术、科学价值的手稿和图书资料等；

（五）反映历史上各时代、各民族社会制度、社会生产、社会生活的代表性实物。

文物认定的标准和办法由国务院文物行政部门制定，并报国务院批准。

具有科学价值的古脊椎动物化石和古人类化石同文物一样受国家保护。

第三条　古文化遗址、古墓葬、古建筑、石窟寺、石刻、壁画、近代现代重要史迹和代表性建筑等不可移动文物，根据它们的历史、艺术、科学价值，可以分别确定为全国重点文物保护单位，省级文物保护单位，市、县级文物保护单位。

历史上各时代重要实物、艺术品、文献、手稿、图书资料、代表性实物等可移动文物，分为珍贵文物和一般文物；珍贵文物分为一级文物、二级文物、三级文物。

第四条　文物工作贯彻保护为主、抢救第一、合理利用、加强管理的方针。

第五条　中华人民共和国境内地下、内水和领海中遗存的一切文物，属于国家所有。

古文化遗址、古墓葬、石窟寺属于国家所有。国家指定保护的纪念建筑物、古建筑、石刻、壁画、近代现代代表性建筑等不可移动文物，除国家另有规定的以外，属于国家所有。

国有不可移动文物的所有权不因其所依附的土地所有权或者使用权的改变而改变。

下列可移动文物,属于国家所有:

(一)中国境内出土的文物,国家另有规定的除外;

(二)国有文物收藏单位以及其他国家机关、部队和国有企业、事业组织等收藏、保管的文物;

(三)国家征集、购买的文物;

(四)公民、法人和其他组织捐赠给国家的文物;

(五)法律规定属于国家所有的其他文物。

属于国家所有的可移动文物的所有权不因其保管、收藏单位的终止或者变更而改变。

国有文物所有权受法律保护,不容侵犯。

第六条 属于集体所有和私人所有的纪念建筑物、古建筑和祖传文物以及依法取得的其他文物,其所有权受法律保护。文物的所有者必须遵守国家有关文物保护的法律、法规的规定。

第七条 一切机关、组织和个人都有依法保护文物的义务。

第八条 国务院文物行政部门主管全国文物保护工作。

地方各级人民政府负责本行政区域内的文物保护工作。县级以上地方人民政府承担文物保护工作的部门对本行政区域内的文物保护实施监督管理。

县级以上人民政府有关行政部门在各自的职责范围内,

负责有关的文物保护工作。

第九条 各级人民政府应当重视文物保护，正确处理经济建设、社会发展与文物保护的关系，确保文物安全。

基本建设、旅游发展必须遵守文物保护工作的方针，其活动不得对文物造成损害。

公安机关、工商行政管理部门、海关、城乡建设规划部门和其他有关国家机关，应当依法认真履行所承担的保护文物的职责，维护文物管理秩序。

第十条 国家发展文物保护事业。县级以上人民政府应当将文物保护事业纳入本级国民经济和社会发展规划，所需经费列入本级财政预算。

国家用于文物保护的财政拨款随着财政收入增长而增加。

国有博物馆、纪念馆、文物保护单位等的事业性收入，专门用于文物保护，任何单位或者个人不得侵占、挪用。

国家鼓励通过捐赠等方式设立文物保护社会基金，专门用于文物保护，任何单位或者个人不得侵占、挪用。

第十一条 文物是不可再生的文化资源。国家加强文物保护的宣传教育，增强全民文物保护的意识，鼓励文物保护的科学研究，提高文物保护的科学技术水平。

第十二条 有下列事迹的单位或者个人，由国家给予精神鼓励或者物质奖励：

（一）认真执行文物保护法律、法规，保护文物成绩显

著的;

（二）为保护文物与违法犯罪行为作坚决斗争的;

（三）将个人收藏的重要文物捐献给国家或者为文物保护事业作出捐赠的;

（四）发现文物及时上报或者上交，使文物得到保护的;

（五）在考古发掘工作中做出重大贡献的;

（六）在文物保护科学技术方面有重要发明创造或者其他重要贡献的;

（七）在文物面临破坏危险时，抢救文物有功的;

（八）长期从事文物工作，作出显著成绩的。

第二章　不可移动文物

第十三条　国务院文物行政部门在省级、市、县级文物保护单位中，选择具有重大历史、艺术、科学价值的确定为全国重点文物保护单位，或者直接确定为全国重点文物保护单位，报国务院核定公布。

省级文物保护单位，由省、自治区、直辖市人民政府核定公布，并报国务院备案。

市级和县级文物保护单位，分别由设区的市、自治州和县级人民政府核定公布，并报省、自治区、直辖市人民政府备案。

尚未核定公布为文物保护单位的不可移动文物，由县级人民政府文物行政部门予以登记并公布。

第十四条 保存文物特别丰富并且具有重大历史价值或者革命纪念意义的城市,由国务院核定公布为历史文化名城。

保存文物特别丰富并且具有重大历史价值或者革命纪念意义的城镇、街道、村庄,由省、自治区、直辖市人民政府核定公布为历史文化街区、村镇,并报国务院备案。

历史文化名城和历史文化街区、村镇所在地的县级以上地方人民政府应当组织编制专门的历史文化名城和历史文化街区、村镇保护规划,并纳入城市总体规划。

历史文化名城和历史文化街区、村镇的保护办法,由国务院制定。

第十五条 各级文物保护单位,分别由省、自治区、直辖市人民政府和市、县级人民政府划定必要的保护范围,作出标志说明,建立记录档案,并区别情况分别设置专门机构或者专人负责管理。全国重点文物保护单位的保护范围和记录档案,由省、自治区、直辖市人民政府文物行政部门报国务院文物行政部门备案。

县级以上地方人民政府文物行政部门应当根据不同文物的保护需要,制定文物保护单位和未核定为文物保护单位的不可移动文物的具体保护措施,并公告施行。

第十六条 各级人民政府制定城乡建设规划,应当根据文物保护的需要,事先由城乡建设规划部门会同文物行政部门商定对本行政区域内各级文物保护单位的保护措施,并纳入规划。

第十七条 文物保护单位的保护范围内不得进行其他建设工程或者爆破、钻探、挖掘等作业。但是,因特殊情况需要在文物保护单位的保护范围内进行其他建设工程或者爆破、钻探、挖掘等作业的,必须保证文物保护单位的安全,并经核定公布该文物保护单位的人民政府批准,在批准前应当征得上一级人民政府文物行政部门同意;在全国重点文物保护单位的保护范围内进行其他建设工程或者爆破、钻探、挖掘等作业的,必须经省、自治区、直辖市人民政府批准,在批准前应当征得国务院文物行政部门同意。

第十八条 根据保护文物的实际需要,经省、自治区、直辖市人民政府批准,可以在文物保护单位的周围划出一定的建设控制地带,并予以公布。

在文物保护单位的建设控制地带内进行建设工程,不得破坏文物保护单位的历史风貌;工程设计方案应当根据文物保护单位的级别,经相应的文物行政部门同意后,报城乡建设规划部门批准。

第十九条 在文物保护单位的保护范围和建设控制地带内,不得建设污染文物保护单位及其环境的设施,不得进行可能影响文物保护单位安全及其环境的活动。对已有的污染文物保护单位及其环境的设施,应当限期治理。

第二十条　建设工程选址，应当尽可能避开不可移动文物；因特殊情况不能避开的，对文物保护单位应当尽可能实施原址保护。

实施原址保护的，建设单位应当事先确定保护措施，根据文物保护单位的级别报相应的文物行政部门批准；未经批准的，不得开工建设。

无法实施原址保护，必须迁移异地保护或者拆除的，应当报省、自治区、直辖市人民政府批准；迁移或者拆除省级文物保护单位的，批准前须征得国务院文物行政部门同意。全国重点文物保护单位不得拆除；需要迁移的，须由省、自治区、直辖市人民政府报国务院批准。

依照前款规定拆除的国有不可移动文物中具有收藏价值的壁画、雕塑、建筑构件等，由文物行政部门指定的文物收藏单位收藏。

本条规定的原址保护、迁移、拆除所需费用，由建设单位列入建设工程预算。

第二十一条　国有不可移动文物由使用人负责修缮、保养；非国有不可移动文物由所有人负责修缮、保养。非国有不可移动文物有损毁危险，所有人不具备修缮能力的，当地人民政府应当给予帮助；所有人具备修缮能力而拒不依法履行修缮义务的，县级以上人民政府可以给予抢救修缮，所需费用由所有人负担。

对文物保护单位进行修缮，应当根据文物保护单位的级别报相应的文物行政部门批准；对未核定为文物保护单位的不可移动文物进行修缮，应当报登记的县级人民政府文物行政部门批准。

文物保护单位的修缮、迁移、重建，由取得文物保护工程资质证书的单位承担。

对不可移动文物进行修缮、保养、迁移，必须遵守不改变文物原状的原则。

第二十二条 不可移动文物已经全部毁坏的，应当实施遗址保护，不得在原址重建。但是，因特殊情况需要在原址重建的，由省、自治区、直辖市人民政府文物行政部门报省、自治区、直辖市人民政府批准；全国重点文物保护单位需要在原址重建的，由省、自治区、直辖市人民政府报国务院批准。

第二十三条 核定为文物保护单位的属于国家所有的纪念建筑物或者古建筑，除可以建立博物馆、保管所或者辟为参观游览场所外，作其他用途的，市、县级文物保护单位应当经核定公布该文物保护单位的人民政府文物行政部门征得上一级文物行政部门同意后，报核定公布该文物保护单位的人民政府批准；省级文物保护单位应当经核定公布该文物保护单位的省级人民政府的文物行政部门审核同意后，报该省级人民政府批准；全国重点文物保护单位作其他用途的，应当由省、自治区、直辖市人民政府报国务院批准。国有未核定为文物保护单位的不可移动文物作其他用途的,应当报告县级人民政府文物行政部门。

第二十四条 国有不可移动文物不得转让、抵押。建立博物馆、保管所或者辟为参观游览场所的国有文物保护单位,不得作为企业资产经营。

第二十五条 非国有不可移动文物不得转让、抵押给外国人。

非国有不可移动文物转让、抵押或者改变用途的,应当根据其级别报相应的文物行政部门备案。

第二十六条 使用不可移动文物,必须遵守不改变文物原状的原则,负责保护建筑物及其附属文物的安全,不得损毁、改建、添建或者拆除不可移动文物。

对危害文物保护单位安全、破坏文物保护单位历史风貌的建筑物、构筑物,当地人民政府应当及时调查处理,必要时,对该建筑物、构筑物予以拆迁。

第三章 考古发掘

第二十七条 一切考古发掘工作,必须履行报批手续;从事考古发掘的单位,应当经国务院文物行政部门批准。

地下埋藏的文物,任何单位或者个人都不得私自发掘。

第二十八条 从事考古发掘的单位,为了科学研究进行考古发掘,应当提出发掘计划,报国务院文物行政部门批准;

对全国重点文物保护单位的考古发掘计划,应当经国务院文物行政部门审核后报国务院批准。国务院文物行政部门在批准或者审核前,应当征求社会科学研究机构及其他科研机构和有关专家的意见。

第二十九条　进行大型基本建设工程,建设单位应当事先报请省、自治区、直辖市人民政府文物行政部门组织从事考古发掘的单位在工程范围内有可能埋藏文物的地方进行考古调查、勘探。

考古调查、勘探中发现文物的,由省、自治区、直辖市人民政府文物行政部门根据文物保护的要求会同建设单位共同商定保护措施;遇有重要发现的,由省、自治区、直辖市人民政府文物行政部门及时报国务院文物行政部门处理。

第三十条　需要配合建设工程进行的考古发掘工作,应当由省、自治区、直辖市文物行政部门在勘探工作的基础上提出发掘计划,报国务院文物行政部门批准。国务院文物行政部门在批准前,应当征求社会科学研究机构及其他科研机构和有关专家的意见。

确因建设工期紧迫或者有自然破坏危险,对古文化遗址、古墓葬急需进行抢救发掘的,由省、自治区、直辖市人民政府文物行政部门组织发掘,并同时补办审批手续。

第三十一条　凡因进行基本建设和生产建设需要的考古调查、勘探、发掘,所需费用由建设单位列入建设工程预算。

第三十二条　在进行建设工程或者在农业生产中，任何单位或者个人发现文物，应当保护现场，立即报告当地文物行政部门，文物行政部门接到报告后，如无特殊情况，应当在二十四小时内赶赴现场，并在七日内提出处理意见。文物行政部门可以报请当地人民政府通知公安机关协助保护现场；发现重要文物的，应当立即上报国务院文物行政部门，国务院文物行政部门应当在接到报告后十五日内提出处理意见。

依照前款规定发现的文物属于国家所有，任何单位或者个人不得哄抢、私分、藏匿。

第三十三条　非经国务院文物行政部门报国务院特别许可，任何外国人或者外国团体不得在中华人民共和国境内进行考古调查、勘探、发掘。

第三十四条　考古调查、勘探、发掘的结果，应当报告国务院文物行政部门和省、自治区、直辖市人民政府文物行政部门。

考古发掘的文物，应当登记造册，妥善保管，按照国家有关规定移交给由省、自治区、直辖市人民政府文物行政部门或者国务院文物行政部门指定的国有博物馆、图书馆或者其他国有收藏文物的单位收藏。经省、自治区、直辖市人民政府文物行政部门批准，从事考古发掘的单位可以保留少量出土文物作为科研标本。

考古发掘的文物，任何单位或者个人不得侵占。

第三十五条 根据保证文物安全、进行科学研究和充分发挥文物作用的需要,省、自治区、直辖市人民政府文物行政部门经本级人民政府批准,可以调用本行政区域内的出土文物;国务院文物行政部门经国务院批准,可以调用全国的重要出土文物。

第四章 馆藏文物

第三十六条 博物馆、图书馆和其他文物收藏单位对收藏的文物,必须区分文物等级,设置藏品档案,建立严格的管理制度,并报主管的文物行政部门备案。

县级以上地方人民政府文物行政部门应当分别建立本行政区域内的馆藏文物档案;国务院文物行政部门应当建立国家一级文物藏品档案和其主管的国有文物收藏单位馆藏文物档案。

第三十七条 文物收藏单位可以通过下列方式取得文物:

(一)购买;

(二)接受捐赠;

(三)依法交换;

(四)法律、行政法规规定的其他方式。

国有文物收藏单位还可以通过文物行政部门指定保管或者调拨方式取得文物。

第三十八条 文物收藏单位应当根据馆藏文物的保护需

要，按照国家有关规定建立、健全管理制度，并报主管的文物行政部门备案。未经批准，任何单位或者个人不得调取馆藏文物。

文物收藏单位的法定代表人对馆藏文物的安全负责。国有文物收藏单位的法定代表人离任时，应当按照馆藏文物档案办理馆藏文物移交手续。

第三十九条　国务院文物行政部门可以调拨全国的国有馆藏文物。省、自治区、直辖市人民政府文物行政部门可以调拨本行政区域内其主管的国有文物收藏单位馆藏文物；调拨国有馆藏一级文物，应当报国务院文物行政部门备案。

国有文物收藏单位可以申请调拨国有馆藏文物。

第四十条　文物收藏单位应当充分发挥馆藏文物的作用，通过举办展览、科学研究等活动，加强对中华民族优秀的历史文化和革命传统的宣传教育。

国有文物收藏单位之间因举办展览、科学研究等需借用馆藏文物的，应当报主管的文物行政部门备案；借用馆藏一级文物的，应当同时报国务院文物行政部门备案。

非国有文物收藏单位和其他单位举办展览需借用国有馆藏文物的，应当报主管的文物行政部门批准；借用国有馆藏一级文物，应当经国务院文物行政部门批准。

文物收藏单位之间借用文物的最长期限不得超过三年。

第四十一条　已经建立馆藏文物档案的国有文物收藏单

位，经省、自治区、直辖市人民政府文物行政部门批准，并报国务院文物行政部门备案，其馆藏文物可以在国有文物收藏单位之间交换。

第四十二条　未建立馆藏文物档案的国有文物收藏单位，不得依照本法第四十条、第四十一条的规定处置其馆藏文物。

第四十三条　依法调拨、交换、借用国有馆藏文物，取得文物的文物收藏单位可以对提供文物的文物收藏单位给予合理补偿，具体管理办法由国务院文物行政部门制定。

国有文物收藏单位调拨、交换、出借文物所得的补偿费用，必须用于改善文物的收藏条件和收集新的文物，不得挪作他用；任何单位或者个人不得侵占。

调拨、交换、借用的文物必须严格保管，不得丢失、损毁。

第四十四条　禁止国有文物收藏单位将馆藏文物赠与、出租或者出售给其他单位、个人。

第四十五条　国有文物收藏单位不再收藏的文物的处置办法，由国务院另行制定。

第四十六条　修复馆藏文物，不得改变馆藏文物的原状；复制、拍摄、拓印馆藏文物，不得对馆藏文物造成损害。具体管理办法由国务院制定。

不可移动文物的单体文物的修复、复制、拍摄、拓印，适用前款规定。

第四十七条　博物馆、图书馆和其他收藏文物的单位应当按照国家有关规定配备防火、防盗、防自然损坏的设施，确保馆藏文物的安全。

第四十八条　馆藏一级文物损毁的，应当报国务院文物行政部门核查处理。其他馆藏文物损毁的，应当报省、自治区、直辖市人民政府文物行政部门核查处理；省、自治区、直辖市人民政府文物行政部门应当将核查处理结果报国务院文物行政部门备案。

馆藏文物被盗、被抢或者丢失的，文物收藏单位应当立即向公安机关报案，并同时向主管的文物行政部门报告。

第四十九条　文物行政部门和国有文物收藏单位的工作人员不得借用国有文物，不得非法侵占国有文物。

第五章　民间收藏文物

第五十条　文物收藏单位以外的公民、法人和其他组织可以收藏通过下列方式取得的文物：

（一）依法继承或者接受赠与；

（二）从文物商店购买；

（三）从经营文物拍卖的拍卖企业购买；

（四）公民个人合法所有的文物相互交换或者依法转让；

（五）国家规定的其他合法方式。

文物收藏单位以外的公民、法人和其他组织收藏的前款文物可以依法流通。

第五十一条　公民、法人和其他组织不得买卖下列文物：

（一）国有文物，但是国家允许的除外；

（二）非国有馆藏珍贵文物；

（三）国有不可移动文物中的壁画、雕塑、建筑构件等，但是依法拆除的国有不可移动文物中的壁画、雕塑、建筑构件等不属于本法第二十条第四款规定的应由文物收藏单位收藏的除外；

（四）来源不符合本法第五十条规定的文物。

第五十二条　国家鼓励文物收藏单位以外的公民、法人和其他组织将其收藏的文物捐赠给国有文物收藏单位或者出借给文物收藏单位展览和研究。

国有文物收藏单位应当尊重并按照捐赠人的意愿，对捐赠的文物妥善收藏、保管和展示。

国家禁止出境的文物，不得转让、出租、质押给外国人。

第五十三条　文物商店应当由省、自治区、直辖市人民政府文物行政部门批准设立，依法进行管理。

文物商店不得从事文物拍卖经营活动，不得设立经营文物拍卖的拍卖企业。

第五十四条　依法设立的拍卖企业经营文物拍卖的，应当取得省、自治区、直辖市人民政府文物行政部门颁发的文物拍卖许可证。

经营文物拍卖的拍卖企业不得从事文物购销经营活动，

不得设立文物商店。

第五十五条　文物行政部门的工作人员不得举办或者参与举办文物商店或者经营文物拍卖的拍卖企业。

文物收藏单位不得举办或者参与举办文物商店或者经营文物拍卖的拍卖企业。

禁止设立中外合资、中外合作和外商独资的文物商店或者经营文物拍卖的拍卖企业。

除经批准的文物商店、经营文物拍卖的拍卖企业外，其他单位或者个人不得从事文物的商业经营活动。

第五十六条　文物商店不得销售、拍卖企业不得拍卖本法第五十一条规定的文物。

拍卖企业拍卖的文物，在拍卖前应当经省、自治区、直辖市人民政府文物行政部门审核，并报国务院文物行政部门备案。

第五十七条　省、自治区、直辖市人民政府文物行政部门应当建立文物购销、拍卖信息与信用管理系统。文物商店购买、销售文物，拍卖企业拍卖文物，应当按照国家有关规定作出记录，并于销售、拍卖文物后三十日内报省、自治区、直辖市人民政府文物行政部门备案。

拍卖文物时，委托人、买受人要求对其身份保密的，文物行政部门应当为其保密；但是，法律、行政法规另有规定的除外。

第五十八条　文物行政部门在审核拟拍卖的文物时，可以指定国有文物收藏单位优先购买其中的珍贵文物。购买价格由文物收藏单位的代表与文物的委托人协商确定。

第五十九条　银行、冶炼厂、造纸厂以及废旧物资回收单位，应当与当地文物行政部门共同负责拣选掺杂在金银器和废旧物资中的文物。拣选文物除供银行研究所必需的历史货币可以由人民银行留用外，应当移交当地文物行政部门。移交拣选文物，应当给予合理补偿。

第六章　文物出境进境

第六十条　国有文物、非国有文物中的珍贵文物和国家规定禁止出境的其他文物，不得出境；但是依照本法规定出境展览或者因特殊需要经国务院批准出境的除外。

第六十一条　文物出境，应当经国务院文物行政部门指定的文物进出境审核机构审核。经审核允许出境的文物，由国务院文物行政部门发给文物出境许可证，从国务院文物行政部门指定的口岸出境。

任何单位或者个人运送、邮寄、携带文物出境，应当向海关申报；海关凭文物出境许可证放行。

第六十二条　文物出境展览，应当报国务院文物行政部门批准；一级文物超过国务院规定数量的，应当报国务院批准。

一级文物中的孤品和易损品，禁止出境展览。

出境展览的文物出境，由文物进出境审核机构审核、登记。海关凭国务院文物行政部门或者国务院的批准文件放行。出境展览的文物复进境，由原文物进出境审核机构审核查验。

第六十三条　文物临时进境，应当向海关申报，并报文物进出境审核机构审核、登记。

临时进境的文物复出境，必须经原审核、登记的文物进出境审核机构审核查验；经审核查验无误的，由国务院文物行政部门发给文物出境许可证，海关凭文物出境许可证放行。

第七章　法律责任

第六十四条　违反本法规定，有下列行为之一，构成犯罪的，依法追究刑事责任：

（一）盗掘古文化遗址、古墓葬的；

（二）故意或者过失损毁国家保护的珍贵文物的；

（三）擅自将国有馆藏文物出售或者私自送给非国有单位或者个人的；

（四）将国家禁止出境的珍贵文物私自出售或者送给外国人的；

（五）以牟利为目的倒卖国家禁止经营的文物的；

（六）走私文物的；

（七）盗窃、哄抢、私分或者非法侵占国有文物的；

（八）应当追究刑事责任的其他妨害文物管理行为。

第六十五条 违反本法规定，造成文物灭失、损毁的，依法承担民事责任。

违反本法规定，构成违反治安管理行为的，由公安机关依法给予治安管理处罚。

违反本法规定，构成走私行为，尚不构成犯罪的，由海关依照有关法律、行政法规的规定给予处罚。

第六十六条 有下列行为之一，尚不构成犯罪的，由县级以上人民政府文物主管部门责令改正，造成严重后果的，处五万元以上五十万元以下的罚款；情节严重的，由原发证机关吊销资质证书：

（一）擅自在文物保护单位的保护范围内进行建设工程或者爆破、钻探、挖掘等作业的；

（二）在文物保护单位的建设控制地带内进行建设工程，其工程设计方案未经文物行政部门同意、报城乡建设规划部门批准，对文物保护单位的历史风貌造成破坏的；

（三）擅自迁移、拆除不可移动文物的；

（四）擅自修缮不可移动文物，明显改变文物原状的；

（五）擅自在原址重建已全部毁坏的不可移动文物，造成文物破坏的；

（六）施工单位未取得文物保护工程资质证书，擅自从事文物修缮、迁移、重建的。

刻划、涂污或者损坏文物尚不严重的，或者损毁依照本法第十五条第一款规定设立的文物保护单位标志的,由公安机关或者文物所在单位给予警告,可以并处罚款。

第六十七条 在文物保护单位的保护范围内或者建设控制地带内建设污染文物保护单位及其环境的设施的,或者对已有的污染文物保护单位及其环境的设施未在规定的期限内完成治理的,由环境保护行政部门依照有关法律、法规的规定给予处罚。

第六十八条 有下列行为之一的,由县级以上人民政府文物主管部门责令改正,没收违法所得,违法所得一万元以上的,并处违法所得二倍以上五倍以下的罚款;违法所得不足一万元的,并处五千元以上二万元以下的罚款:

(一)转让或者抵押国有不可移动文物,或者将国有不可移动文物作为企业资产经营的;

(二)将非国有不可移动文物转让或者抵押给外国人的;

(三)擅自改变国有文物保护单位的用途的。

第六十九条 历史文化名城的布局、环境、历史风貌等遭到严重破坏的,由国务院撤销其历史文化名城称号;历史文化城镇、街道、村庄的布局、环境、历史风貌等遭到严重破坏的,由省、自治区、直辖市人民政府撤销其历史文化街区、村镇称号;对负有责任的主管人员和其他直接责任人员依法给予行政处分。

第七十条 有下列行为之一,尚不构成犯罪的,由县级

以上人民政府文物主管部门责令改正,可以并处二万元以下的罚款,有违法所得的,没收违法所得:

(一)文物收藏单位未按照国家有关规定配备防火、防盗、防自然损坏的设施的;

(二)国有文物收藏单位法定代表人离任时未按照馆藏文物档案移交馆藏文物,或者所移交的馆藏文物与馆藏文物档案不符的;

(三)将国有馆藏文物赠与、出租或者出售给其他单位、个人的;

(四)违反本法第四十条、第四十一条、第四十五条规定处置国有馆藏文物的;

(五)违反本法第四十三条规定挪用或者侵占依法调拨、交换、出借文物所得补偿费用的。

第七十一条 买卖国家禁止买卖的文物或者将禁止出境的文物转让、出租、质押给外国人,尚不构成犯罪的,由县级以上人民政府文物主管部门责令改正,没收违法所得,违法经营额一万元以上的,并处违法经营额二倍以上五倍以下的罚款;违法经营额不足一万元的,并处五千元以上二万元以下的罚款。

文物商店、拍卖企业有前款规定的违法行为的,由县级以上人民政府文物主管部门没收违法所得、非法经营的文物,违法经营额五万元以上的,并处违法经营额一倍以上三倍以下的罚款；违法经营额不足五万元的，并处五千元以上五万元以下的罚款；情节严重的，由原发证机关吊销许可证书。

第七十二条　未经许可，擅自设立文物商店、经营文物拍卖的拍卖企业，或者擅自从事文物的商业经营活动，尚不构成犯罪的，由工商行政管理部门依法予以制止，没收违法所得、非法经营的文物，违法经营额五万元以上的，并处违法经营额二倍以上五倍以下的罚款；违法经营额不足五万元的，并处二万元以上十万元以下的罚款。

第七十三条　有下列情形之一的，由工商行政管理部门没收违法所得、非法经营的文物，违法经营额五万元以上的，并处违法经营额一倍以上三倍以下的罚款；违法经营额不足五万元的，并处五千元以上五万元以下的罚款；情节严重的，由原发证机关吊销许可证书：

（一）文物商店从事文物拍卖经营活动的；

（二）经营文物拍卖的拍卖企业从事文物购销经营活动的；

（三）拍卖企业拍卖的文物，未经审核的；

（四）文物收藏单位从事文物的商业经营活动的。

第七十四条　有下列行为之一，尚不构成犯罪的，由县级以上人民政府文物主管部门会同公安机关追缴文物；情节严重的，处五千元以上五万元以下的罚款：

（一）发现文物隐匿不报或者拒不上交的；

（二）未按照规定移交拣选文物的。

第七十五条　有下列行为之一的,由县级以上人民政府文物主管部门责令改正:

(一)改变国有未核定为文物保护单位的不可移动文物的用途,未依照本法规定报告的;

(二)转让、抵押非国有不可移动文物或者改变其用途,未依照本法规定备案的;

(三)国有不可移动文物的使用人拒不依法履行修缮义务的;

(四)考古发掘单位未经批准擅自进行考古发掘,或者不如实报告考古发掘结果的;

(五)文物收藏单位未按照国家有关规定建立馆藏文物档案、管理制度,或者未将馆藏文物档案、管理制度备案的;

(六)违反本法第三十八条规定,未经批准擅自调取馆藏文物的;

(七)馆藏文物损毁未报文物行政部门核查处理,或者馆藏文物被盗、被抢或者丢失,文物收藏单位未及时向公安机关或者文物行政部门报告的;

(八)文物商店销售文物或者拍卖企业拍卖文物,未按照国家有关规定作出记录或者未将所作记录报文物行政部门备案的。

第七十六条　文物行政部门、文物收藏单位、文物商店、经营文物拍卖的拍卖企业的工作人员,有下列行为之一的,

依法给予行政处分,情节严重的,依法开除公职或者吊销其从业资格;构成犯罪的,依法追究刑事责任:

(一)文物行政部门的工作人员违反本法规定,滥用审批权限、不履行职责或者发现违法行为不予查处,造成严重后果的;

(二)文物行政部门和国有文物收藏单位的工作人员借用或者非法侵占国有文物的;

(三)文物行政部门的工作人员举办或者参与举办文物商店或者经营文物拍卖的拍卖企业的;

(四)因不负责任造成文物保护单位、珍贵文物损毁或者流失的;

(五)贪污、挪用文物保护经费的。

前款被开除公职或者被吊销从业资格的人员,自被开除公职或者被吊销从业资格之日起十年内不得担任文物管理人员或者从事文物经营活动。

第七十七条 有本法第六十六条、第六十八条、第七十条、第七十一条、第七十四条、第七十五条规定所列行为之一的,负有责任的主管人员和其他直接责任人员是国家工作人员的,依法给予行政处分。

第七十八条 公安机关、工商行政管理部门、海关、城乡建设规划部门和其他国家机关,违反本法规定滥用职权、玩忽职守、徇私舞弊,造成国家保护的珍贵文物损毁或者流失的,对负有责任的主管人员和其他直接责任人员依法给予行政处分;构成犯罪的,依法追究刑事责任。

第七十九条 人民法院、人民检察院、公安机关、海关和工商行政管理部门依法没收的文物应当登记造册,妥善保管,结案后无偿移交文物行政部门,由文物行政部门指定的国有文物收藏单位收藏。

第八章 附则

第八十条 本法自公布之日起施行。

文物 *

谢辰生

文物是人类在历史发展过程中遗留下来的遗物、遗迹。各类文物从不同的侧面反映了各个历史时期人类的社会活动、社会关系、意识形态以及利用自然、改造自然和当时生态环境的状况,是人类宝贵的历史文化遗产。文物的保护管理和科学研究,对于人们认识自己的历史和创造力量,揭示人类社会发展的客观规律,认识并促进当代和未来社会的发展,具有重要的意义。

文物的保护管理,涉及社会不同职能的各个部门;文物的科学研究,涉及社会科学、自然科学、工程技术科学等领域的多种学科。保护管理和科学研究是相互联系、相互促进、相辅相成的。因此,文物的保护管理和科学研究,是一项系统的综合性科学。

一 文物的定义

在中国,"文物"二字联系在一起使用,始见于《左传》。

---

* 本文系1993年1月出版的《中国大百科全书·文物博物馆》文物部分的前言。收入本书时,由谢辰生先生口述,作者执笔进行了一处修订。

《左传·桓公二年》记载:"夫德,俭而有度,登降有数,文物以纪之,声明以发之;以临照百官,百官于是乎戒惧而不敢易纪律。"之后,《后汉书·南匈奴传》有:"制衣裳,备文物。"以上所说的"文、物"原是指当时的礼乐典章制度,与现代所指文物的含义不同。到唐代,骆宾王诗:"文物俄迁谢,英灵有盛衰",杜牧诗:"六朝文物草连天,天淡云闲今古同。"这里所指的"文物",其含义已接近于现代所指文物的含义,所指已是前代遗物了。北宋中叶(11世纪),以青铜器、石刻为主要研究对象的金石学兴起,以后又逐渐扩大到研究其他各种古代器物,把这些器物统称之为"古器物"或"古物"。在明代和清初比较普遍使用的名称是"古董"或"骨董"。到清乾隆年间(18世纪)又开始使用"古玩"一词。这些不同的名称,含义基本相同,但在很多场合,古董、骨董和古玩,是指书画、碑帖以外的古器物。

中华民国时期,古物的概念和包括的内容比过去广泛。1930年(民国十九年)国民政府颁布的《古物保存法》明确规定:"本法所称古物是指与考古学、历史学、古生物学及其他与文化有关之一切古物而言。"说明其概念已远远超出过去所称"古物""古董"的范围。

20世纪30年代中,"文物"一词又重被使用。1935年北平市政府编辑出版了《旧都文物略》,同年成立了专门负责研究、修整古代建筑的"北平文物整理委员会"。这里"文物"的概念已包括了不可移动的文物。

中华人民共和国建立以后,由中央人民政府政务院以及后来的国务院所颁布的一系列有关保护文物的法规,都沿用了"文物"一词。直到 1982 年全国人民代表大会常务委员会公布了《中华人民共和国文物保护法》,才把"文物"一词及其所包括的内容用法律形式固定下来。其范围实际上包括了可移动的和不可移动的一切历史文化遗存,在年代上已不仅限于古代,而是包括了近、现代,直到当代。

世界各国对不同类别的文物,各有其通常使用的名称,但尚无概括所有类别文物的统称。欧洲在 17 世纪英文和法文中都使用 Antique 一词,此词一说源于拉丁文 ante,原意是古代的、从前的。另一说则认为英文这个字是直接来源于法文,开始作为名词使用时,主要是指古希腊、古罗马的文化遗物,后来才逐渐发展成泛指各个时代的艺术品,其词义接近于中国所谓古物、古董。日文所说的"有形文化财",近似于中国所指的文物,但其含义和范围又不尽相同。在国际社会,由联合国教育科学文化组织(UNESCO,以下简称联合国教科文组织)会议通过的一些有关保护文物的国际公约中,一般把文物称为"文化财产(Cultural Property)"或者"文化遗产(Cultural Heritage)",二者所指的内容并不是等同的。从公约所列举的具体内容来看,前者是指可以移动的文物,后者是指不可移动的文物。埃及使用的阿拉伯文 الأثر

（单数）、أثرج（复数）一词，与中国所称文物的概念是基本相同的。1983年埃及颁布的《埃及文物保护法》规定，在埃及国土上出现的或与其历史有联系的，凡一百年以前的，包括可移动的和不可移动的，具有历史意义和价值的实物，都属于文物。同时，还规定在一百年以内的有价值的实物，可根据文化主管部门的建议指定为文物。

关于文物的年代下限，在国际上起初曾定为1830年，起源于1930年美国的关税条例。该条例规定凡1830年以前制作的艺术品可以免税。以后在国际上，不少国家把这一年定为文物的年代下限。后来美国在1966年通过了新的关税条例，又规定"自免税进口报单提出之日起，凡一百年以前制作的文物"概予免税进口。因而目前按国际上一般惯例，文物是指一百年以前制作的具有历史、艺术、科学价值的实物。但是也有的国家根据自己的具体情况另作规定，如希腊就把1450年作为文物的年代下限。

目前，各个国家对文物的称谓并不一致，其所指含义和范围也不尽相同，因而迄今尚未形成一个对文物共同确认的统一定义。

文物是指具体的物质遗存，它的基本特征是：第一，必须是由人类创造的，或者是与人类活动有关的；第二，必须是已经成为历史的过去，不可能再重新创造的。

当代中国根据文物的特征，结合中国保存文物的具体情况，把"文物"一词作为人类社会历史发展进程中遗留下来的、由人类创造或者与人类活动有关的一切有价值的物质文化遗产的总称。

二 文物的价值和作用

文物的价值是客观的，是文物本身所固有的。总的来说，文物主要有历史价值、艺术价值和科学价值。文物的作用，是文物价值的具体体现。文物对社会所能起到的积极作用主要有教育作用、借鉴作用和为科学研究提供资料的作用。文物的价值和作用，其间有联系，又有区别。人们对文物价值的认识不是一次完成的，而是随着社会发展，人们科学文化水平的不断提高而不断深化的。文物作用的大小，取决于文物价值的高低，因而文物的作用也会随着人们对文物价值认识的深化而变化。有时同样的文物，在不同时间、地点、条件下，其价值也会发生变化。这种变化通常不是改变或降低了它的固有价值，而是增添了新的价值。这种情况只有在特定的条件下才会发生。

文物是一定历史时期人类社会活动的产物，无不具有时代的特点。一切文物都具有历史价值。不同类别的文物，从不同的侧面分别反映了当时社会的生产力、生产关系、经济基础、上层建筑以及社会生活和自然环境的状况。各种类别文物的产生、发展和变化的过程，反映了社会的变革、科学技术的进步、人们物质生活和精神生活的发展变化。总的来说，文物是帮助人们认识和恢复历史本来面貌的重要依据，特别是对没有文字记载的人类远古历史，它成了人们了解、认识这一历史阶段人类活动和社会发展的主要依据。

历史文献资料和文物都是历史科学的研究对象，二者可以相互印证，比较研究，促进历史科学的发展。由于历史文献的作者、辑录者往往受到时代和他们本身认识甚至主观上偏见的局限，因而不可能全面地科学地记录当时的一切社会现象和史实。文物则是在历史长河中突破了时间和空间的局限而遗留下来的幸存者，是说明当时历史的具体而真实的实物见证。它可以证实历史文献的正确记载，纠正文献记载的讹误，补充文献记载的缺佚。恩格斯在《论日耳曼人古代历史》中指出："在塔西佗和托勒密以后，关于日耳曼尼亚内地情况和事件的文字史料便中断了。但是我们得到了其他一系列更明确的史料，这就是可以归入我们研究的各时代的许多古代文物……凡是托勒密的证明中断的地方，出土的文物都能接下去加以证明。"这充分说明了文物可以补史的重要作用。但是，文物的历史价值并不限于它能起到证史、正史和补史作用，更重要的是文物反映了当时人类的各种活动，不仅反映了人类是怎样活动的，以及在什么历史背景和思想支配下进行这些活动的，而且还反映了这些活动之间的社会关系和产生的社会效果。

每个国家和民族都有自己独特的文化传统，而且这些文化传统往往成为人们为维护民族独立和争取解放而斗争的精神支柱。各个国家和民族的文物体现了各自长期形成的共同心理素质、意识形态、生活习俗等特点，在一定意义上说，文物是民族文化的象征。因此，文物对于一个国家及其各族人民能产生强大的凝聚力和激励作用，这也是文物价值的一个重要内容。

文物的价值是通过科学研究认识的，发挥文物作用的一个重要方面是通过教育手段实现的。文物具有直观、形象、生动的特点，其教育作用和感染力是其他教育手段所难以代替的。当中国人民面对凝结着先人劳动和智慧的丰富历史文物，看到他们在当时的社会条件下所表现的惊人创造力，看到他们在科学技术、文化艺术等方面的许多辉煌成就时，必然会激起为振兴国家而斗争的巨大爱国热情。因此，文物就成为对人民进行爱国主义教育的生动教材。同时，运用文物，通过各种形式，开展广泛的文化交流，也有利于促进各国人民之间的了解和友谊。

在各种类别的文物中，有大量的文物具有艺术价值。这些文物不仅有人类进入文明社会以后的绘画、雕塑等造型艺术作品，而且远在早期人类活动中就已经出现了艺术创作和带有审美意识的萌芽。在欧洲发现的旧石器时代的洞穴壁画和象牙或兽骨的雕刻品，被称为"洞穴艺术"。在中国的原始社会，人们在为自己生存需要而制作具有实用功能的生产工具、生活器皿时，同时也就孕育了艺术，这些生产工具和生活器皿在造型和纹饰上都具有了一定的艺术价值，如彩陶纹饰不仅有写实的图像，而且有像水纹、漩涡纹、三角形等抽象的几何纹。尽管对这些纹饰的变化和它反映的社会内容与观念形态，有不同的见解和解释，但它毕竟是以艺术形式来表现的。以后青铜器的造型和纹饰以及各时代的陶瓷器、不同质地的各种各样的装饰、美术工艺品等，无不具有艺术价值。甚至作为居住或其他用途的，如宫殿、庙宇等各种建筑物，也在注意实用功能的同时，力求适应人们美的要求而形成了建筑艺术。所有这些都是美术史研究的重要资料，同时，在现实生活中，它们还可以供人们鉴赏，给人们以美的启迪、美的享受，丰富人们的精神生活。

任何一个国家和民族的文化艺术创作，只有继承自己的文化艺术传统，创造出具有民族形式的文化艺术，才会被人民群众所易于并乐于接受。在中国丰富的古代文物中，有大量巧夺天工、绚丽多彩的艺术珍品，是人们认识和了解中华民族文化艺术传统的重要资料。因为各种传统的艺术形式，尽管有文献记载的描述，但它不可能有具体的形象。只有文物才能具体地把各种传统艺术形式形象地展示出来。如果没有各个时代遗留的绘画、雕塑和古建筑，我们就无从真正认识这些中国古代艺术传统形式的特点。因此这些文物可以为今天进行艺术创作活动提供有益的借鉴。充分发挥文物在这方面的作用，是今天继承优秀历史文化遗产，创造社会主义的、民族的新文化的必要条件之一。

文物还是古代的科学技术遗产的宝库。文物的科学价值，主要是指文物所反映的科学、技术水平，它所体现的是在自然科学或者工程技术科学方面的价值。各种类别的文物都是人们利用当时所能得到的材料和所掌握的技术创造出来的，它们从不同的侧面标志着它们产生的那个历史时期人们认识自然、利用自然的程度和科学技术与生产力的发展水平。大量的商代青铜器和战国时期的铁器，分别标志着这两个时代的整个社会生产力和科学技术的水平。河北藁城和北京平谷刘家河出土的商代铁刃铜钺，虽然利用的是天然陨铁，但它毕竟与铜有质的区别，说明早在公元前14世纪前后的商代人就已经开始对金属铁有所认识，并且加热锻打之后制成器件而加以利用。这些文物既具有历史价值，又具有科学价值。

马克思曾高度评价火药、指南针、印刷术的发明，他说："这是预告资产阶级行将到来的三大发明。"中国古代有许多重大科技成果，曾长期湮没、失传，今天又在出土文物中被重新发现，如浙江余姚河姆渡新石器时代遗址发现的木建筑构件，把中国应用榫卯的技术提早到七千年以前；河南淅川的春秋楚墓和湖北随县的战国曾侯乙墓出土的青铜器，说明早在两千多年前中国已成功地应用了失蜡法这种精密的铸造技术；甘肃天水放马滩出土的汉初的书写用纸，说明中国发明的这一已知最理想的书写材料,远在公元前2世纪前期,就已具有一定的成熟性;河南荥阳汉代冶炼遗址发现的与现代球墨铸铁类似的标本,表明当时已掌握了与现代工艺不同而取得相同效果的高强度铸铁工艺。

大量有关科学、技术方面的出土文物,为天文、地理、冶金、农业、医学、纺织等各个方面的专门史研究提供了丰富而重要的资料,打破了许多传统的观点。这些新发现的文物使研究科技史的学者们不得不考虑重写某些专门史,这说明不断发现的文物对于促进科学技术等专门史的研究具有何等重要意义。

文物的科学价值,不只是体现在文物本身反映的科学技术水平上。有些文物并不能反映当时的科学技术,而是反映了当时人类活动与自然环境或者生态环境的关系,通过对这些文物的考察,可以了解千万年来自然环境或生态环境的变化,这些文物同样具有很高的科学价值。

20世纪60年代以来,中国文物考古工作者,运用考古学手段,通过一些古建筑、古遗址、古墓葬等文物,考察历史地震、古代水文和沙漠变迁,取得了一定成果,为文物研究开辟了新的领域。

文物的价值和作用,不只是表现在对具体文物的研究、说明个别方面的个别问题上,更重要的是把微观研究的成果,综合起来,在宏观上研究各个历史时期人类社会活动的各个方面及其相互联系、相互制约的社会关系，从而从不同的侧面探索和揭示人类社会发展的客观规律。同时，通过文物所反映的历史上人类利用自然、改造自然的状况，可以探索和揭示人类社会活动与自然界生态环境之间相互关系、相互作用的演变规律，运用人们不断认识的客观规律自觉地、能动地协调人类社会系统与自然界环境系统的关系，有利于促进当代和未来社会的发展。充分发挥文物在社会发展进程中的积极作用，是文物保护管理和科学研究的最终目的。

三　文物保护与研究的历史发展概况

中国和世界各国均有着各自的文物保护和研究传统，其共同点是在古代大都是出于不同动机和目的保护了文物，在客观上使一些文物被保存下来。在文物研究的目的、范围、方法和理论上，也都有个发展的过程。现代意义的、科学的文物保护和研究，是在历史发展进程中逐渐形成的。

古代对文物的收集和保存，大都是从对文化艺术珍品的收藏开始的。在欧洲，从古希腊、古罗马时代到中世纪，皇室、贵族和教会收藏各种古代珍品和宗教遗物之风甚盛，但其动机和目的是有区别的。皇室、贵族的收藏，是把物质财富的占有，扩大到对精神财富的占有和享受；而教会的收藏则与天主教对宗教遗物的崇拜有关，因而中世纪十字军东征，使大量的宗教遗物涌向欧洲，当然其中也夹杂着不少非宗教的遗物。许多国家的中世纪大教堂都设有为收藏和陈列各种珍品的专室。

14至16世纪新兴的资产阶级开始出现在人类社会发展的历史舞台。欧洲的文艺复兴促进了人们对早期的语文和美术史研究的兴趣,开始注意收集古希腊、古罗马时代的雕刻和铭刻。之后,又扩大到巴勒斯坦地区,直到近东地区的埃及、两河流域等地的古迹、古物。在此期间,文化珍品的收藏,开始从皇室、贵族和教会扩大到社会上的市民阶层,于是在欧洲的德、法、意、荷等国家,数以千计的收藏家出现了。此后许多古物爱好者搜集文化珍品的活动日趋频繁,其中一些人主要是以攫取珍宝为目的,采取非科学性的手段,对一些著名古遗址进行发掘。直到18世纪末和19世纪初期乃至更晚一些时候,还有人为挖取珍宝对希腊、罗马的古城址和墓地以及埃及的古墓葬滥肆挖掘,掠走大量的文化珍品。甚至还有人任意拆掉古建筑上的浮雕石刻。1816年被运往伦敦的著名的所谓"埃尔金大理石刻"就是埃尔金从雅典巴特农神庙上拆下来的。这种搜集和保存古物的方式,虽然使一些重要的古代文化珍品得以保存下来,但是,运用这种非科学性的手段而取得的文化珍品,却是以对一些古遗址、古墓葬和古建筑造成了很大的破坏为代价的。在此期间,有的学者对文物研究取得了很有价值的成果。1822年法国J.F.商博良对埃及罗塞塔石碑上的三体文字的研究,释出了古埃及象形文字。也有一些学者以研究为目的,对一些古城址进行了发掘，如法国P.E.博塔、英国A.H.莱亚德对古亚述帝国的尼尼微城址的发掘，就取得重要的成果，虽然采取的发掘方法还缺乏科学性，但这是科学发展过程中很难完全避免的缺憾，与完全以收藏甚至出售为目的而单纯挖宝的性质毕竟不同。

17至18世纪，欧洲资产阶级的民主革命进入了高潮。资本主义的文明，促进了科学、技术和文化的发展。特别是到19世纪中叶，进化论逐步成为欧洲思想界的主流。科学的进步，把人们的思想从上帝造人的神话桎梏中解放出来，人们开始重新认识宇宙、认识自然，也重新认识人类自身发生发展的历史。正是在这个历史背景下，考古学首先是史前考古学产生了。也正是在19世纪，以收藏为主要职能的博物馆在类型和职能上都有了新的发展。一种兼备收藏、科研、教育三种职能的现代形态的博物馆在欧美各国普遍发展起来。同时，对古建筑的保护作为一门专业科学，也是从19世纪中叶才开始的。这绝不是偶然的巧合，而是科学的进步导致人们观念形态变化的反映，是人们对文物价值认识的觉醒。

考古研究对象、古建筑和博物馆藏品（纯自然科学的标本除外），都是属于文物的范围。从过去把文物视为古董的观念，发展到把文物作为人类社会历史发展的见证，标志着人们对文物价值的认识发生了根本性的变化，也扩大了文物概念的范围。这种新概念的形成，才把文物的保护和研究真正建立在科学的基础上，从而进入了一个崭新的发展阶段。

考古学作为一门严谨的科学的出现，特别是进入20世纪以后，在理论上、方法上有了很大发展，田野考古发掘技术有了显著提高，使人们认识到对地下埋藏的文物进行非科学性的发掘的破坏性和危害性。从而促使各个国家在制定文物保护法规的时候，都严格禁止对地下文物的非科学性发掘。1956年联合国教科文组织还通过了《关于考古发掘的国际原则的建议》，从而加强了对地下文物的保护。同时，现代考古学对田野工作的科学要求，决定了在进行考古工作的全过程中，都必须始终坚持文物保护和研究的统一。保护是研究的前提，对保护的任何疏忽和失误，都会造成对研究工作的损失。作为考古研究对象的遗物、遗迹，它所蕴含的历史信息是丰富的，它所展示的现象是复杂的，考古发掘的任务就是采取各种现代科学手段，忠实地把发掘的遗物、遗迹保存下来，把它所展示的一切现象记录下来，形成完整的科学资料。对重要的遗址还需要在原地长期现场保护以便于进一步发掘并进行科学研究，这也有利于把今天我们还认识不到的问题留待后人去研究解决。从这个意义上说，科学的考古发掘，是文物保护的一种特殊手段。因此，现代考古学的诞生和发展，对于埋藏在地下的文物的保护和研究，是一个很大的促进和提高。

20世纪，现代博物馆在世界范围内的蓬勃发展，对于文物的保护和研究发挥了重要作用。现代博物馆的出现使许多私人收藏逐步转移成为博物馆的馆藏，博物馆藏品日益丰富。博物馆科学研究的职能也在不断加强，因而现代博物馆已成为对可移动文物的保护和研究的重要场所。同时，博物馆的类型正在日新月异，对于一些古遗址、古墓葬等不可移动的文物，经过科学发掘之后，还可以建立各种形式的博物馆进行保护和展出。博物馆对保护、研究文物以及发挥文物作用具有越来越重要的意义。

关于古建筑的维修和保护，在18世纪以前，欧洲还没有形成一定的理论和方法。第一个提出把古建筑修复置于科学基础之上的是19世纪中叶法国人V.L.杜克。1844年，他在为巴黎圣母院进行修复设计的时候，提出了"整体修复"古建筑的原则。他主张一座建筑及其局部的修复，应保持原有的风格，不仅在外表形式上，而且在结构上也必须如此。在修复之前，一定要确切地查明每个部分的年代和特点，并以此为依据拟定修复的逐项实施计划。他的这些主张对于促进修复古建筑工作的科学化是有积极作用的。但是，他过分强调了恢复原状和风格统一，实际上是用"创作"代替了"修复"，因而给古建筑修复工作也带来了有害的影响。

在同一个时期，英国J.拉斯金提出了一个完全不同的见解，他从根本上否定了对古建筑的"修复"，认为"修复"即意味着破坏，而且是最彻底的破坏，对古建筑只能是加强经常性的保护。以后，持这一派见解的莫里斯于1877年创建了

"古建筑保护协会",他在撰写创建《宣言》中,继续强调古建筑根本不可能修复,修复后的古建筑只不过是一个毫无生气的假古董,因而只能用保护代替修复,加强经常性的维护来防止它的破坏,并且提出为保护而进行的加固措施要使人看得出来,绝对不能改变古建筑本身和装饰的原貌。这些观点有其积极的意义,但是他的主张,几乎排斥了一切为延长古建筑寿命而进行的干预,因而也是片面的。

1880年意大利人C.波依多对古建筑的保护和修缮,提出了新的见解,既反对V.L.杜克的主张,也反对J.拉斯金的观点。他认为古建筑的价值是多方面的,而不仅仅是艺术品,必须尊重建筑物的现状。20世纪初期,继波依多之后的G.乔瓦诺尼补充和发展了波依多的理论。以波依多、乔瓦诺尼为代表的理论主要是:古建筑是历史发展的活的见证,要保护建筑物所蕴含的全部历史信息,包括它所在的原有环境,对历史上的一切改动或增添的部分都要保护。1933年,由国际联盟倡议成立的"智力合作所"在雅典召开国际会议,通过了以乔瓦诺尼的理论为基础而形成的《雅典宪章》。1964年5月31日在意大利威尼斯,由联合国教科文组织领导下的国际文物建筑和历史地段工作者协会(ICOMOS)第二次会议通过了保护古建筑及历史地段的《威尼斯宪章》,这正是《雅典宪章》的继承和发展。它进一步明确了古建筑的概念,即它不仅包含建筑物本身,并且包含着与之相关的环境,因而,

"不得整个地或局部地搬迁古建筑",并且强调利用一切科学和技术来保护和修复古建筑,使它能传之永久。

考古学、博物馆和文物建筑保护的发展历史,有一个共同点,就是表明人们对文物价值的认识在不断深化。现代文明越是发展,文物保护的意义就愈益显示出来,从而促使人们在文物保护的问题上,采取了越来越谨慎的态度。这种谨慎的态度,绝不意味着思想的保守,而是表明了人们思想认识的进步和提高。

文物不仅是各个国家珍贵的历史文化遗产,而且也是全人类的共同文化财富。20世纪中叶以后,现代文明促进了世界各国工业化、城市化的迅速发展和科学技术的突飞猛进。伴随而来的是人为的、自然的各种破坏或损坏文物的因素急剧增长,从而使文物保护成为国际社会面临的一个普遍关注的共同问题。联合国教科文组织于1964年6月发起了历时6个月的保护文物古迹的国际运动,要求各成员国扩充和改进保护文物的技术和法制措施,同时要求各成员国要在此期间广泛宣传,使文物的价值观念家喻户晓。1972年11月联合国教科文组织第十七届会议通过了《保护世界文化和自然遗产公约》,提出了整个国际社会有责任通过提供集体性援助来参与保护具有突出普遍价值的文化和自然遗产。1978年11月28日在巴黎的第二十届会议上又通过了《关于保护可移动文化财产的建议》。在此以前,为防止文物走私及因此而诱发的各种造成文物破坏的行为，1970年联合国教科文组织还通过了《关于禁止和防止非法进出口文化财产和非法转让其所有权的方法的公约》。这些国际公约的制定，促进了文物保护国际化的进程。

世界各国在文物保护和研究方面，经历了一个多世纪的不断探索和总结，逐步形成了一些为国际社会普遍确认的共同原则和方法。他们的经验和教训，都为当代中国的文物保护和研究，提供了有益的借鉴。

中国对文物的保护和研究，有自己的特点。与西欧早期首先着眼于文物的艺术价值不同，中国古代不仅重视艺术价值，更重视文物的历史价值。奕世相承的敬天法祖思想和推重史学的学术传统相结合，形成了中国古代社会中普遍存在的历史意识。中国古代对文物的保护和研究，从多方面反映了这种意识。商周时期，皇室、贵族宗庙中"多名器重宝"，保存着青铜器、玉器以及其他前代的遗物。春秋时孔子考证肃慎的楛矢，秦始皇派千人打捞没入泗水的九鼎，汉代武库中收藏孔子履及刘邦斩蛇剑等文物，都是这种意识的反映。

汉代皇室收藏十分丰富，汉武帝刘彻（前140—前87年在位）创置秘阁，以聚图书，其中既有典籍，也有绘画。东汉明帝刘庄（58—75年在位）更是"雅好丹青、别开画室"，创立鸿都学，以集奇艺之士。汉唐以来历代王朝，包括地方政权如西蜀孟氏、南唐李氏都有丰富的收藏。但是每当王朝更替，往往大部分毁于兵燹水火，剩余部分或为新的王朝所接收，或散佚于民间。唐裴孝源撰《贞观公私画史》、张彦远撰《历代名画记》，记载了唐大中（847）以前皇室收藏的几次大聚大散的情况。以后各代皇室收藏也大都有类似的遭遇。

对于地下文物保护，据《淮南子》记载，汉代就有"发冢者诛"的规定，以后大明律还规定了"若于官私地内掘得埋藏之物者，并听收用；若有古器、钟鼎、符印异常之物，限三十日送官，违者杖八十，其物入官"，说明早在明代就已明确规定地下文物概归国有了。这些法律规定虽然不能完全杜绝盗掘地下文物的现象，但是在客观上起到了保护的作用。

中国古代对出土文物历来十分重视，如汉代在孔子旧宅壁中发现的古文经书和晋代发现的汲冢竹书，因为记载着古代的"经""史"而受到高度重视，经过大力整理研究，使它们得以长期流传。汉代许慎，收进不少出土的鼎彝等文物上记录的"前代之古文"，从而编撰了中国第一部字典《说文解字》。

东汉"碑碣云起"，灵帝熹平至光和年间（172—186年）并刊刻石经，南北朝时又发明了拓墨技术，石刻文字可借拓片流传。陕西凤翔的秦石鼓于唐代出土后，便有人根据拓片进行研究。韩愈在《石鼓歌》中所说"张生手持石鼓文"，指的就是石鼓的拓片。重要的石刻通过拓片获得众多的研究者，所以到了宋代，青铜器研究与石刻研究盛行，遂形成中国特有的金石学。

宋代是中国古代文物保护和研究的鼎盛时期。首先是金石学的兴起。宋刘敞在《先秦古器记》中说研究古器的方法是"礼家明其制度，小学正其文字，谱牒次其世谥"；宋吕大临在《考古图》中说，要"探制作之原始，补经传之阙亡，正诸儒之谬误"。说明金石学的产生从一开始就重视了文物的证史和补史作用。赵明诚的《金石录》著录了先秦至北宋多达1900余种石刻，并援碑刻以正史传，对新、旧《唐书》多所订正。特别是吕大临除了强调文物作为史料所起的功能之外，还强调"探制作之原始"，并注意研究文物本身的发展与演变。所以《考古图》中不仅摹录出所收器物的图像、铭文，且大都标明其尺度、容量、重量与出土地点，并以相当严谨的态度进行考证、定名和分类等方面的研究。此书与宋代其他金石学著作所取得的成果，有不少为后世所遵循，青铜器中若干器形与花纹之通用的名称，就是在这时考定的。

金石学的研究提高了对古文物的认识水平，同时也促进了收藏古物之风。《宣和博古图》著录的皇室在宣和殿一处所藏青铜器就达839件；《宣和画谱》著录收藏魏晋以来的名画凡231人，计达6396轴；《宣和书谱》著录有190多名书法家作品1198件；《考古图》中著录了38家私人藏品，其中仅庐江李氏（伯时）一家所藏就有62件；著名学者欧阳修收集的金石铭文真迹拓本，皆装裱成轴，多达千卷。古文物既为藏家所珍爱，自然加意保护。对散处郊野的碑刻，这时也开始进行调查。南宋时王象之的《舆地碑记目》、陈思的《宝刻丛编》等书，将各地碑刻按行政区划和年代顺序列出，编成大型的碑刻目录。这种实地调查古文物的学风，北宋已启其端。宋敏求的《长安志》将唐长安城的布局和遗迹叙述颇详；吕大防将勘查的结果制成地图上石；游师雄且将唐凌烟阁功臣图与昭陵六骏摹绘刻石，这些都为古文物的研究与保护做出了贡献。

元、明时代，金石学的领域扩大，不仅注意文献与实物的结合，而且重视以实地勘查之所见，核检历史记载。玉器、漆器、瓷器等这时均有专著问世。元朱德润的《古玉图》是研究玉器类文物的开创之作；元蒋祁的《陶记》详尽地叙述了景德镇瓷的原料产地、制瓷工艺和各窑口所产瓷器的特点；元葛逻禄乃贤的《河朔访古记》对中国北方各地的古城、古建筑以及陵墓、碑刻等，在调查的基础上参据文献做出记述，均较翔实可信。明曹昭的《格古要论》则是当时研究古文物的集大成之作，此书除金、石、漆、玉、陶瓷外，且涉及书画、法帖、象牙、犀角、珠宝、锦绮、异木、异石等多种门类，其中提出的辨伪标准，要言不烦，灼具真知，至今仍有重要的参考价值。

清代对文物的研究和保护有了更大的发展，收藏的规模不断扩大，研究亦日益精密。这时皇室收藏之富，远远超越前代。以青铜器而论，"西清四鉴"著录的器物共达4105件，为《宣和博古图》所难以望其项背。从著录皇室所藏书画的《秘殿珠林》《石渠宝笈》中,可以看出明、清许多著名收藏家如梁清标、孙承泽、耿昭忠、卞永誉和安岐等人的收藏已大部归入内府。这是宋代以后的一次最大的集中。虽然如此,私家所藏仍不乏精品,刘喜海、吴式芬、陈介祺、吴大澂等人的收藏尤为世所艳称。以丰富的收藏为基础,清代出现了许多卷帙浩繁的金石学研究著作。在青铜器方面,徐同柏的《从古堂款识学》、吴式芬的《捃古录金文》、吴大澂的《愙斋集古录》所收铜器铭文均在千件以上,方濬益的《缀遗斋彝器款识考释》以印本与稿本合计,所收共达1733器;孙星衍的《寰宇访碑录》收集各地碑刻8000余种,成为全国性的碑刻总目。这些煌煌巨制,反映出清代金石学研究的盛况。这时,若干类前代未予充分重视的文物也得到深入研究,比如古玺印,虽自宋代以来已在金石书中收录,但清瞿中溶的《集古官印考证》一书,才专门著录古官印并作出翔实的论述,将古印的收集和研究推向高潮。其后,陈介祺的《十钟山房印举》收印达万方以上。再如古钱币,亦自宋代始见著录,但也直到清李佐贤的《古泉汇》问世后,才形成较有系统、较可信据的中国古钱学。至于像反映古代玺印之使用情况的封泥,以前曾被误认为陶文或铸印的印范,清代才判明为封泥。吴式芬、陈介祺合著的《封泥考略》收封泥849件,是研究封泥的第一部专书。

明清以来私人藏书也达到了极盛时期，如明代范钦；明末清初的毛晋、钱谦益、钱曾；乾嘉时期的孙星衍、黄丕烈；直至晚清的瞿氏铁琴铜剑楼、杨氏海源阁、丁氏八千卷楼和陆氏皕宋楼等四大藏书楼等，出现了许多著名的藏书家。虽然有的收藏家如钱谦益的绛云楼藏书已全部被焚，但今天流传下来的善本古籍很多仍然是靠私人收藏家保存下来的，特别是这些收藏家多数是知识渊博的学者，他们不仅为保存古籍做出了贡献，而且也促进了目录学、版本学、校勘学的发展，为今天对古文献的研究奠定了基础。

清代对不可移动的文物也注意保护。清初曾明令保护南京明孝陵和北京明十三陵。全国各地现存之古代桥梁、寺庙，几乎绝大部分均在清代进行过修葺。毕沅任陕西巡抚时，对关中古代陵墓要求"料量四至，先定封域，安立界石"，并设专人负责保护管理，就是很著名的事例。

1840年以后，由于列强入侵，掠夺中国的文物成为帝国主义文化侵略的重要内容。1860年英、法联军侵入北京，火烧圆明园，并进行了疯狂的抢劫。1900年德、日、俄、英、法、美、奥、意八国联军攻占北京，对宫廷收藏的珍贵文物和古籍又大肆掠夺，文源阁《四库全书》《永乐大典》就是这两次被先后焚毁和洗劫的。在19世纪末和20世纪初，帝国主义者还纷纷派遣探险队，到新疆等地进行掠夺性的考古发掘。同时，有些外国人还采取各种方式对中国文物进行巧取豪夺。有很大一部分著名的甲骨文、敦煌遗书就是在这种历史背景下被外国人囊括而去的。又如，1907年著名藏书家陆心源的皕宋楼藏书全部被盗往日本，以后还有大量其他珍贵文物不断流往国外，给中国的历史文化遗产造成了巨大的损失。但是，在文物研究方面，由于清代末期，西方科学文化开始传入中国，对中国知识界产生了强烈影响，新的思想方法和研究方式逐渐被具有深厚学术根基的传统金石学者接受，从而使得传统金石学的研究方法有了改变，研究的深度、广度都有所拓展。

甲骨文、居延等地的汉代简牍、敦煌藏经洞遗书是中国近代三大重要发现。罗振玉和王国维对这方面的研究做出了很大的贡献。他们对新发现的甲骨、汉简、敦煌遗书、墓志以及青铜器、玺印、碑刻、符牌等大量文物进行了科学性的汇集整理，并结合历史文献深入研究，对商、周、秦、汉乃至隋、唐、宋、元的历史、文化、制度做了大量崭新的科学论断。这些研究，不仅继承了传统金石学的著录、汇集、考证等研究方法，而且综合了古文字、古文献、器物学、地理学等方面的研究方法。罗振玉还曾亲自到甲骨出土地点踏查，确证安阳殷墟的所在。罗振玉等人在扩大研究对象的基础上，提出了古器物学的新概念，扩展了传统金石学的研究内容。

王国维将西方的近代研究方法与乾嘉学派的考据学成功地加以结合，创立并大力提倡了"二重证据法"，即以地下新出土的文物材料与文献史料并重，把古文字古器物学的研究和经史之学相结合。他的重要著作《殷卜辞中所见先公先王考》《殷周制度论》等充分体现了这一先进的研究方法。这使得文物研究由传统金石学以经史小学为主要研究内容的狭窄范围内脱离出来，成为既包括文字史料考释，又进行器形、纹饰、分期断代等综合研究的新型学科，为进一步揭示古代社会的真实面貌拓宽了道路。

叶昌炽对石刻的综合研究也突破了传统金石学的著录、考证格式，转而从石刻的类型、形制、文字的体例、时代特征等一系列新的角度对历代石刻进行了全面研究，使传统金石学达到了新的高度。

1911年辛亥革命以后，西方考古学的研究方法传入中国。1921年以来瑞典人安特生等人在河南渑池和甘肃、青海等地进行科学考察和发掘。1927年起裴文中、德日进等中外科学家在北京周口店对古生物古人类化石进行发掘。1928年起中央研究院李济、梁思永、董作宾、石璋如、郭宝钧等人在殷墟开展了多次科学发掘。1928年吴金鼎等在山东章丘城子崖的龙山文化遗址发掘，使文物研究结合考古学的研究方法，增添了新的应用手段，开拓了新的研究领域。这一时期的文物考古学者，大多吸收了这些新的方法、手段，使文物的科学研究更加深入，更加系统化、科学化，新的成果不断取得。

郭沫若将马克思主义唯物史观引入文物研究，结合了考古学的类型学等方法，编著出版了《两周金文辞大系》《卜辞通纂》《卜辞中的中国社会》等，开拓了文物研究的新方向，产生了深远的影响。

在文物保护方面，1930年国民政府公布了《古物保存法》，并决定成立了中央古物保管委员会。这是中国历史上由中央政府公布的第一个文物保护法规和第一个国家设立的专门保护管理文物的机构。

中央古物保管委员会成立之后，在文物保护方面做了一些有益的工作。但是因为它没有形成一个长期稳定的管理实体，而且各个地方都未设置与之相应的文物管理专门机构，因而保存在各地的各种类别的文物，基本上仍处于无人管理的状态。珍贵文物外流，也未得到有效的制止。在此期间，有些学术团体进行了一些文物调查、保护工作。1929年由朱启钤等创建的中国营造学社，在30年代组织专家对各地古建筑进行了一系列实地调查研究和文献资料整理等工作。著名的唐代建筑佛光寺大殿，就是建筑学家梁思成等在山西五台山进行调查时发现的。营造学社的成立，对于中国古建筑的保护和研究起了重要作用。

20世纪30—40年代，在中国共产党领导和管辖的各根据地和解放区人民政府，十分重视文物保护工作。1939年11月3日陕甘宁边区政府训令各分区行政专员和各村村长调查保护古物、文献及古迹。1942年为保护山西赵城广胜寺收藏的金代大藏经免遭日本侵略军的掠夺，八路军战士献出了宝贵的生命。1947年9月13日中国共产党全国土地工作会议通过的《中国土地法大纲》规定：名胜古迹，应妥为保护。之后相继成立了胶东文物管理委员会、山东古代文物管理委员会和东北文物管理委员会，并颁布了《东北解放区文物古迹保管办法》。1949年，在中国人民解放军即将南下进军的时候，华北人民政府高等教育委员会印发了《全国重要文物建筑简目》，提供部队注意保护，以免这些古建筑毁于战火。

1949年10月1日中华人民共和国成立，使中国对文物的保护和研究进入了一个新的历史阶段。20世纪50年代初中央人民政府政务院就颁布了一系列保护文物的法令和法规。首先颁布了《禁止珍贵文物图书出口暂行办法》，制止了1840年以来中国大量珍贵文物外流的现象。同时，在中央和地方都设置了负责文物保护管理的专门机构，在中国科学院设置了考古研究所，从此在郑振铎、王冶秋、梁思永、夏鼐等人的主持下，开始了中国历史上从未有过的由国家进行的大规模文物保护管理和考古发掘工作。1961年国务院公布了《文物保护管理暂行条例》，1982年全国人民代表大会常务委员会又公布了《中华人民共和国文物保护法》，使中国的文物保护管理工作走上了法制管理、稳步发展的轨道。

新中国成立40多年来，中国文物保护和管理工作虽然经历了曲折的道路，但总的说来，取得了旧时代所不能比拟的巨大成就，不仅使大量的重要文物得到了保护，而且在宣传教育、科学研究等多方面都发挥了重要的作用，取得了显著的成果。

对流散在社会上的传世文物进行收集和保护，是早在20世纪50年代就已开始的。在新中国伊始百废待举的时候，周恩来总理即批准以重金从香港购回著名的王献之《中秋帖》和王珣《伯远帖》，使两帖免于流散国外。之后，又陆续从海外购回如唐韩滉《五牛图》、五代顾闳中《韩熙载夜宴图》、宋司马光《资治通鉴》手稿等不少书画珍品和善本图书。20世纪50年代以来，许多爱国的著名收藏家出于爱国热忱，竞相把自己珍藏的文物捐献给国家，如刘肃曾捐献的"虢季子白盘"、潘达于捐献的"大盂鼎""大克鼎"等著名西周重器；张伯驹捐献的晋、唐名人手迹陆机《平复帖》、杜牧《张好好诗》等十余件珍贵书画。在善本图书方面有著名收藏家傅增湘双鉴楼收藏的宋刻本《资治通鉴》和宋抄本《洪范政鉴》。此外还有铁琴铜剑楼瞿济苍兄弟、潘氏宝礼堂、翁之憙、刘少山、邢之襄、赵世暹、赵元方等捐赠的大批宋元精本名刊以及明、清以来抄校题跋的善本，特别是周叔弢捐赠的毕生辛勤收集的名刻精抄数百种，都反映了新时代人们精神面貌的深刻变化。

加强在废旧物资中拣选文物是收集传世流散文物的一个重要方面。多年来，在这方面做了大量工作，拣选出大批各个时代的各种类型的重要文物，例如西周前期的班簋是见于《西清古鉴》著录的著名青铜器，就是1972年在北京市物资回收公司有色金属供应站拣选出来的。

由于通过各种方式进行了对传世流散文物的收集工作，因而极大地丰富了博物馆的馆藏文物。以故宫博物院为例，1949年故宫收藏的文物精华悉数运往台湾，书法、绘画仅存万余件，目前所藏书画已达9万多件，增加了近9倍。其中展子虔《游春图卷》、张择端《清明上河图》、王希孟《千里江山图》等绝大多数珍品都是近40多年中收集的。

对石窟寺、古建筑的调查、修缮和研究，也取得了显著的成绩。目前中国著名的石窟寺大都已设置了研究所或保管所，并且分别进行了加固和维修。如云冈石窟进行了防止岩石崩塌、风化的工程；麦积山石窟进行了全面加固工程，并新修了栈道，使1200多年前因中部崖面崩落而隔断的东西崖两部分洞窟重新连接起来；敦煌莫高窟由于崖壁裂隙，严重危及石窟安全，为此而进行了大规模的崖壁加固工程和防沙治沙的有效措施，并且在工程进行中，全面实测了莫高窟崖面遗迹，同时对窟前建筑遗址进行了考古发掘；20世纪80年代在对南响堂寺石窟进行维修过程中，清理出开凿时期的原貌和重要的纪年摩崖碑刻。多年来，对石窟寺还陆续在四川、云南、陕西、河南、河北、山西、山东、江苏、浙江、宁夏、内蒙古、新疆等省和自治区进行了广泛的调查工作。据不完全统计，在全国范围内，已发现各个时期的石窟寺达2198处。这些内容丰富、分布很广的石窟寺为历史、宗教、艺术、中外文化交流等方面的科学研究，提供了丰富的资料。

以木构建筑为主的中国古建筑，以其独特的风格和完整的体系而见称于世界。经过20世纪50年代和80年代的文物普查和复查，已在全国发现各个时期的古建筑81360处。其中有不少重要的发现，仅汉阙即新发现6处。木构建筑方面，山西五台山发现的唐代建中三年（782）所建南禅寺大殿，是中国现在所知最早的木构建筑。在山西、河北等省还发现了多处五代、辽、宋时期的古建筑，如山西平遥镇国寺、平顺大云寺、河北涞源阁院寺等。在长江以南也发现了浙江余姚保国寺大雄宝殿、莆田元妙观三清殿等宋代建筑。在元代建筑中，山西永济永乐宫是一重大发现，这是中国现在保存最完整的元代建筑组群，并保存了精美的元代壁画。目前已发现的各个时期古建筑代表性实例，已经可以组成一部形象的中国古代建筑发展史。

40多年来，对古建筑还进行了大量的维修和修缮工程，其中重要的有著名的、世界最早的敞肩拱桥——隋代安济桥，唐代建筑南禅寺，宋代建筑正定隆兴寺慈氏阁转轮藏殿，山西太原晋祠等。对一些大的建筑组群如北京故宫、承德避暑山庄等不仅历年都有维修，而且还进行全面规划，有计划、分期分批地进行修缮。

40多年来还在全国范围内开展了空前规模的考古调查和田野发掘工作。1949年以前，中国旧石器和新石器时代的遗址，虽然有所发现，并且发现了著名的北京猿人化石、"仰韶文化"、"龙山文化"等，但数量很少，空白点很多。目前除新疆和海南以外各个地区都已发现了旧石器时代遗存，一些地区还发现了古人类化石多处。这些发现对中国旧石器时代人类、文化和自然环境的演变提供了一条连贯的线索，不仅扩大了中国原始人类文化的分布范围，而且也为地质学、古地理学、古气象学提供了研究资料。特别是云南"元谋人"等东亚地区最古老的人类远祖遗存的发现，为认识人类起源问题提供了重要资料。

新石器时代遗址的发现更是遍及全国各地，不仅在黄河流域，而且长江、淮河、珠江流域和东南沿海地区都有重要发现。粤北和赣南地区石灰岩洞穴中的距今万年左右的新石器时代初期遗存和长江中游到黄河中下游七八千年以前的早期新石器时代文化的发现，把中国境内的人类从穴居走向平地定居以及陶器、农业、原始畜牧业的起源这一人类进步史上的重大问题，在认识上推进了一大步。遍及全国的一系列新发现，已经筑起了一个新石器到青铜文化的发展谱系的基本框架，使人们开始认识在距今5000年到4000年左右，至少在东起海滨、西至陇东的大片土地上，已进入文明曙光的时代。从中国最早的夏、商、周三个王朝到封建后期的宋、元、明各个时代的考古新发现更是层出不穷，而且对许多朝代的都城遗址，进行了长期的勘查和发掘。商时期的四川广汉三星堆和江西新干的重大发现，早周的陕西周原遗址、战国时期的湖北随县曾侯乙墓、西安秦兵马俑、长沙马王堆、河北满城和临沂银雀山的汉墓以及广州南越王墓等发现都引起了国内外的强烈反响。40多年来大量的考古调查和发掘工作，正日益清晰地揭示出中华民族共同体的形成和发展的具体过程，并进一步证明了从原始社会经奴隶社会而到封建社会这一历史发展的规律性。

1840到1949年是中华民族经历的一个巨大历史变革的时代。中国人民特别是无数的爱国者和革命先烈，为拯救多难的祖国，争取民族独立和解放，前赴后继，在进行长期英勇而艰苦的斗争中，留下了许多反映这一伟大斗争的遗迹和遗物，是这一历史时期具体生动的实物见证。目前已经保护了从鸦片战争到辛亥革命，从五四运动到新中国成立各个时期与重大历史事件和重要人物活动有关的遗址或纪念建筑。其中特别重要的都已由国务院核定公布为全国重点文物保护单位。通过对大量近、现代直至当代这一历史时期有关的珍贵文献和实物的保护、收集、整理和研究，突破了对文物概念的传统认识，扩大了文物保护管理的范围和科学研究的领域。

四 文物的科学研究

文物科学研究对于认识文物价值、发挥文物作用和进行文物保护管理具有决定性的作用。

　　文物分类和文物鉴定是开展文物科学研究的前提，也是文物科学研究的内容。由于文物的时代不同，质地不一，种类繁多，功能各异，因而需要从不同的角度，采取不同的分类方法。从管理的角度，中国把文物分为不可移动和可移动文物两部分。前者包括古遗址、古墓葬、古建筑、石窟寺及石刻、近现代重要史迹、近现代典型建筑等；后者包括古器物、古文献、古书画等。在上述各类文物中，有的又分为若干小类，如古器物即按文物质地分为青铜器、玉器、铁器、陶器、瓷器等。此外，还可以根据不同的功能和属性进行分类。目前有的文物科学研究，已经发展成为专门的学科如钱币学、铭刻学等，今后有些类别的文物，随着科学研究的深入和发展，还将会形成一些新的专门学科。

　　文物鉴定就是确定文物的年代、真伪和价值。首先需要进行的是断代和辨伪，如果文物的时代不明，真伪莫辨，就无从确定文物的价值。只有在断代、辨伪的基础上，才能通过科学研究，不断深化对文物价值的认识。

　　一切文物都需要断代，但不是所有文物都需要辨伪。辨伪有特定的含义，主要是辨别由于文物作为商品流通以后，有人以牟利为目的，以真文物为蓝本而故意制造的假古董及一些历代的文物仿制品。至于辨别古建筑在历代维修过程中增添和改动部分，或者后代仿制构件的年代，是对古建筑整体和局部的分别断代问题，而不属于辨伪的范围。考古发掘出土的文物，一般不存在辨伪的问题，但也有文物鉴定的问题。因为有时一座墓葬也会埋葬了前代遗物，如妇好墓中就有红山文化的玉器。有时由于地层扰乱，在一个文化层中也可能有后代文物混入，都需要进行鉴别。

文物鉴定的方法，主要有传统方法和现代科学方法两种。在各类文物中，有相当一部分是考古学研究对象，是经过科学发掘出土的。对于这些文物主要是依靠考古学的地层学和类型学进行断代，对史前时期或者年代比较久远的历史时期的文物，还可以运用碳14、热释光、古地磁等现代科学技术手段测定年代。所有这些都属于现代科学鉴定年代的方法。传统的鉴定方法主要是对传世文物年代的鉴定和辨伪。传统方法经过长期的经验积累，已经形成了比较系统的对各种不同类别文物进行鉴定的方法，但是传统方法过去主要侧重在经验的积累上，需要运用科学方法进行总结，才能不断发展和提高。著名书画鉴定家张珩就是在总结他长期积累的丰富经验基础上，在《怎样鉴定书画》一书中，提出了书画鉴定的主要依据，即时代风格和个人风格及其他辅助依据，从而把书画鉴定的方法论提高到一个新的水平。比较分析是文物鉴定的基本方法，即对同一类文物在广泛考查的基础上，总结出各种特点，选定若干比较可信的、有时代特征或绝对纪年的标准器作为依据，再对照其他待鉴定文物，进行比较分析作出判断。标准器的确定有时也是相对的,随着资料的不断积累、认识的不断深入,标准器的确定就会越来越精当。因此,文物鉴定也需要反复地进行,以不断提高文物鉴定的科学水平。近年来考古学已在大量考古发掘出土的文物中,建立起比较系统的发展谱系,因而改变了过去用传统方法对一些文物断代的认识。对于有些传世古器物,则可以运用考古发掘出土的标准器对照比较鉴定。传世的古书画有时也可以借助于现代科学技术。例如利用红外线、软X射线摄影,可以显示出人们视觉观察不到的墨迹和印迹。这对鉴定可以起到辅助的作用,但不能完全取代比较分析的鉴定方法。随着现代科学技术的不断发展,现代科学手段,将会在文物鉴定工作中发挥越来越大的作用。

文物资料的整理和汇集是开展文物科学研究的重要环节。整理汇集的过程,也是科学研究的过程。人们对事物的认识,总是从对个别事物的认识开始的。对于文物的科学研究,同样也是如此。对某一类文物的研究,也总是从分析个别器物的个案研究入手,然后在此基础上,发展到对这类文物的系统研究。因此,文物资料的分类整理汇集是十分重要的。历史上流传下来许多各种类别文物的著录,大都是当时研究的成果,同时,又对文物研究起了推动作用。这些著录至今仍有不同程度的研究和参考价值。近年来,文物研究机构和各博物馆编辑出版了大量文物图录和资料汇编,都是文物整理汇集的成果，特别是《甲骨文合集》《殷周金文集成》《中国古籍善本书目》《中国历代货币大系》《中国美术全集》以及反映9年文物普查成果的《中国文物地图集》几乎集中了已知的大部分重要资料。1982年开始的中国古代书画巡回鉴定，经过8年努力，完成了对全国收藏古书画的鉴定工作。经过鉴定为真迹的，正编辑成《中国古代书画图目》陆续出版。这些集大成的汇篇，既是研究成果，又将对今后文物的科学研究起积极的促进作用。

自然科学方法的应用，是促进文物科学研究发展的重要条件。20世纪50年代以来，应用碳14、热释光、古地磁的方法测定年代，为第四纪以来人类进化史的研究提供了年代依据，为建立史前考古学的年代体系奠定了基础。孢子、花粉、植物种子、动物骨骼的鉴定，为了解古代地理和古气候等自然环境提供了科学资料。另外，为了解古器物和其他文物的制造方法和原料成分而进行的模拟试验，也必须借助于自然科学方法。例如曾侯乙编钟复制的成功，不仅达到形似而且达到声似的效果，正是采取多学科联合攻关，运用激光等各种现代科学手段进行测试分析研究的成果；马王堆出土的素纱禅衣的复制则是从养蚕试验开始的。严格意义的文物复制和考古学模拟试验的目的、要求和方法是一致的。编钟和素纱禅衣的复制都是运用现代科学的方法，再现了古代的科学技术和工艺水平。文物复制的过程，是不断深化对文物价值认识的过程,因而也是文物科学研究的一个组成部分。

20世纪60年代以来,地震考古、水文考古、沙漠考古、农业考古的出现,以及正在形成的实验考古、环境考古等,无不是自然科学和技术科学方法渗入的成果。

文物的科学研究,必须重视文物的综合价值。一切文物都是一定历史时期的社会产物,任何一件文物所蕴含的历史信息都不会是单一的,只有重视文物的综合价值,才可能从深度和广度上,揭示其蕴含的全部历史信息。文物的科学研究,面对的是整个古代社会,这就决定了文物研究必须广泛地与各个科学领域的有关学科相结合,综合各有关学科有助于文物研究的方法和成果,从而对文物的价值作出全面的评价。现在已经有越来越多的有关学科的研究者重视了利用文物作为本学科研究的对象,以充实他们的研究内容。但是他们的着眼点是从本学科研究的需要出发的,而不会考虑文物的综合价值。例如曾侯乙墓的编钟发现,引起音乐界的强烈反响,同时,也得到了冶金史研究者的重视,他们都各自从本学科的角度对编钟进行了研究,但都不会对编钟价值做出全面的评价。又如上海博物馆藏原题为赵孟頫所作《百尺梧桐轩图》,1985年书画鉴定组的多数意见认为,画为元人手笔,而赵孟頫款则系伪作,1991年《文物月刊》第4期载傅熹年《关于元人绘〈百尺梧桐轩图〉研究》一文,除肯定此图在元代绘画中堪称佳作的艺术价值外,并考订出图中主人为元末在平江建立割据政权达 11 年之久的张士诚之弟张士信。张士诚为朱元璋之劲敌，失败后，其僚属多被杀戮，曾与张氏政权有关系者，亦陆续被陷之于法。因而此图收藏者当时显系为避免株连而截去原款，补加赵孟頫款以掩人耳目，并非故意作伪欺人。通过对此图的考证，从一个侧面反映了朱元璋滥杀无辜和张氏政权末期昏庸沉湎的史事。所以此图既具有艺术价值，也具有历史价值。这只是对一件具体的，而且也不是十分重要文物的研究，并不能解决什么重大的历史问题。但却说明即使是一件具体文物，也往往具有多重价值。从美术史或美学角度研究这幅画，就不会注意到这段历史背景。因而这种研究方法正反映了文物科学研究的特点。

文物科学研究，包括考古学研究都是历史科学的组成部分，这是不容置疑的。因此文物研究，特别是历史时期的文物研究，必须与历史文献相结合。对文物的研究要区别不同的类别、不同的目的、不同的层次采用不同的方法，并且需要应用人文、社会科学、自然科学以及技术科学等有关学科的方法和手段，进行综合研究。从文物科学研究总体上看，各种方法都不是彼此孤立的，而是相互补充，相互促进的。对于其中任何一种方法的贬低或否定，都会给文物的科学研究带来不利的影响。只有把它们结合起来，才有利于揭示文物的综合价值。

在马克思主义的指导下，加强对文物研究的理论建设，对于文物的科学研究发展具有重要的意义。20世纪50—80年代苏秉琦把考古类型学方法从单种器物的研究推到包括成组遗物在内的以遗迹为单位的研究,并进而推进到研究整个考古学文化发展谱系的高度,提出了研究考古学文化的"区、系类型"的理论,从而使大量考古学资料能放在一个幅度不太大的时、空界限内,研究其来龙去脉和相互关系,引起了中国考古工作者的重视,并已在研究和工作实践中加以运用。

加强文物科学研究的理论建设,必须坚持"百家争鸣"的原则,只要是言之成理、持之有故,都是可以讨论的。无论是过去的,或者是现在的学派,都应当既承认它们在一定时、空范围内存在的合理性,又要继续向前发展。"百家争鸣"的过程,应当是相互补充、共同提高的过程,而不应该相互排斥、扬此抑彼。

文物科学研究的最终目标,是把历史上遗留下来的一切有价值的物质遗存,放在人类全部知识所能了解的已逝年代的文化背景下,去认识和解释古代社会,揭示人类社会发展的客观规律,进而预测未来的合理道路。这是一项综合的系统工程,要实现这个目标,从认识到实践都需要经历一个艰巨而漫长的过程。

五 文物保护和管理

当代世界,保持民族文化特性,保护人类共同创造的文化遗产,是国际社会各个国家的共同要求。许多国家都为此而制定了保护文物的法律和法规，加强了文物的保护和管理。

文物保护和管理是国家文物行政管理部门的基本职能。国家通过法律、行政、经济、教育和科学技术等手段，协调、处理文物保护与国家各部门、各社会团体以及人民群众的关系，并通过全面规划、综合治理，制止和防止人为的与自然力对文物的破坏和损害，达到保护文物的目的。

1982年中华人民共和国全国人民代表大会常务委员会公布的《中华人民共和国文物保护法》，是在总结新中国成立后33年文物保护管理工作正反两方面经验的基础上，对1961年国务院公布的《文物保护管理暂行条例》进行较大修改和补充而制定的。《中华人民共和国文物保护法》明确规定了文物保护的对象、范围和处理各部门之间相互关系的基本原则，以及国家机关、企事业单位、社会团体和公民在文物保护方面的行为准则和违法的责任，为文物保护和管理工作，提供了法律依据。

根据法律规定，国家把文物保护规划和计划，作为国民经济和社会发展规划及计划的组成部分，把文物保护管理经费，分别列入国家和地方财政预算。对于重大的文物维修工程、考古发掘项目、珍贵文物收购、捐献珍贵文物奖励等，由国家另行拨款补助，这是开展文物保护管理各项工作的经济保证。

中国文物的保护和管理有其自己的特点。文物的普查、复查和确定文物保护单位，是文物保护管理的基础工作。通过文物普查和复查，掌握地上地下文物分布和保存的状况，以便进行科学鉴定，从而评定文物价值，区分文物等级和决定文物保护单位级别。在此基础上，按照轻重缓急，确定文物保护的目标、重点和步骤，制订长远规划和近期计划。文物复查是定期反复进行的，以便于根据复查了解的新情况、取得的新成果，调整文物保护单位的级别和文物保护的规划和计划。城乡建设规划部门，根据法律的规定，把这些文物保护单位的保护管理，作为一项工作内容进行研究，在布局上做出合理安排，纳入各地区城乡建设的总体规划，加以保护。

配合各项基本建设工程，进行考古发掘工作，是文物保护的一个重要手段。在中国这样一个历史悠久、地下遗存极为丰富的国家，进行现代化建设，除了按照国家规定不允许进行建设工程的已知重要文物保护地区以外，还有大量地下埋藏的遗存尚未发现。因此，除了有重点地进行一些为解决学术问题而发掘的项目外，大量的考古发掘工作，主要是配合国家各项建设工程进行的。早在20世纪50年代，国家就提出了"重点保护，重点发掘，既对基本建设有利，又对文物保护有利"的方针，正确处理了文物保护和基本建设之间的矛盾。40多年来，中国考古工作有了很大发展，许多重大考古新发现，都是在配合各项建设工程中发现的。古建筑的保护和维修是文物保护管理工作的一个重要方面。

关于古建筑修缮的原则，1961年《文物保护管理暂行条例》规定了"保持现状或者恢复原状"的原则，但是对恢复原状的理解和看法却存在着不同的意见。同时，由于主客观各方面的因素，在实际工作中，又确定了古代建筑的修缮实行"保养为主，重点修缮，维持不塌不漏"的方法，事实上，是要求"保持现状"。1982年《中华人民共和国文物保护法》规定，对古建筑修缮"必须遵守不改变文物原状的原则"。这里指的原状，就是指古建筑发现时的"现状"。对于历史上增加或改动的有价值部分都要保护，因为它同样是一种历史的痕迹。新中国成立40多年来根据上述原则，采取了现代技术和传统技术相结合的方法，修缮了大量古建筑，在实践上积累了丰富的经验，在技术上取得了新的进展。山西五台山唐代建筑南禅寺，就是用现代技术对原有木构件进行加固的，而没有采用新的材料来代替。永乐宫搬迁，成功地进行了壁画揭取和复原的工作，这一技术也已被广泛应用，并有了发展和提高。

丰富多彩的文物古迹，作为人文景观，是开展旅游活动的必要条件，因此正确处理文物管理和旅游的关系，也是文物保护管理工作的重要内容。根据国家文物保护法规规定的原则，一切旅游活动，都要服从国家保护文物的规定，在保证文物安全的条件下进行，而且要严格控制在名胜古迹和文物保护单位附近兴建旅游设置，以免造成对环境风貌的破坏。此外，为切实防止因开展旅游而可能给文物保护带来的有害影响。对于易损坏的珍贵文物，都不作为一般性的旅游参观内容。

运用科学技术手段控制和防止自然力对文物的损害和破坏，是文物管理工作的一个重要环节。在中国对于开展保护科学技术的研究，是采取利用现代科学技术手段与传统文物保护技术相结合的方针，既要充分利用现代科学技术，又要研究总结和提高行之有效的传统技术，并及时推广文物保护科学技术新成果，对重点项目组织各学科联合攻关。同时，积极开展国内外科学技术信息的交流和国际文物保护科学技术的合作。

确定历史文化名城是文物保护管理工作的一个新发展。目前世界上许多国家都公布了各自的历史文化名城。中国确定历史文化名城是从20世纪80年代开始的。1982年由国务院公布了第一批历史文化名城。对于历史文化名城保护管理的指导思想是：根据各个历史文化名城的传统特点和在国民经济中的地位及作用，确定它的城市性质、发展方向和规划原则。名城的建设规划，既要符合现代化生产、生活的要求，又要保持其优秀历史文化传统的风貌。要保留这些名城固有的合理的总体布局，注意整个城市空间的协调，把一些有典型意义的地段、街区成片地保存下来，确定为重点文物保护区，划出一定范围的建设控制地带。通过规划，有机地组织到城市的整体环境中去，以显示历史文化名城的历史连续性。

随着现代化建设的发展，科学技术的突飞猛进，文物的保护管理正面临着许多新情况、新问题。因此，不仅要在实践上采取各种手段解决好实际存在的问题，而且必须从理论上加强探索，认识文物保护管理本身与各有关方面相互关系的规律，并且要充分运用现代科学手段，加强信息交流，逐步形成网络，使在保护管理中产生的问题，得到快速反应，及时处理，不断促进文物管理的科学化，建立起完整的文物保护科学管理体系。

文物的科学研究，已经形成了一些专门学科。当代世界，系统论的科学体系知识被广泛应用，是科学发展的新特点，多学科相互交叉，逐步发展成为各种新的边缘科学，是科学发展的新趋势，文物的科学研究，也需要改进传统的研究方法，充分运用有助于文物研究的各个学科的理论与方法，把微观研究同宏观研究结合起来，对有些文物还要把静态研究和动态研究结合起来，从而把文物的科学研究工作提高到一个新的水平。

文物保护管理和科学研究，在一定意义上，二者是互为目的、互为手段的，是一个不可分割的整体。要在马克思主义的指导下，结合文物本身特点，使文物保护管理和科学研究逐步形成自己系统的基础理论和研究方法，发展和完善以文物为研究对象的文物学。这是社会和科学发展的客观要求，也是文物保护和科学研究自身发展的必然趋势。